LE THÉATRE

D'AUTREFOIS ET D'AUJOURD'HUI

E. M. DE LYDEN

LE THÉATRE

D'AUTREFOIS ET D'AUJOURD'HUI

CANTATRICES ET COMÉDIENS

1532-1882

> Ce qu'on gagne à chanter.
> La première aux Comédiens. Les artistes décorés.
> Un Budget dramatique.
> L'Église et le Théâtre. Les vendredis de l'Opéra.

PARIS

E. DENTU, ÉDITEUR

LIBRAIRE DE LA SOCIÉTÉ DES GENS DE LETTRES

Palais-Royal, 15-17-19, Galerie d'Orléans

1882

LE THÉATRE

D'AUTREFOIS ET D'AUJOURD'HUI

CE QU'ON GAGNE A CHANTER

CHAPITRE PREMIER

SOMMAIRE : Aux indignés et aux pudibondes.— Dyonisia et Vocontia. — Æsopus et Roscius. — Une exécution chez les Grecs. — La musique non obligatoire. — La musique et la peinture. — Tout pour l'Étoile. — Léonard de Vinci chanteur. — Ce que coûta le ballet de la Royne. — Ronsard et Baïf. — Jupiter et le chanoine de la Sainte-Chapelle. — L'hôtel de Bourgogne et le petit Lazarri. — Les chantres de la chapelle de musique des rois de France.

Quand un propriétaire d'immeuble augmente d'un tiers, et d'un terme à l'autre, tout d'un coup et tout à coup le prix de ses appartements; quand un tailleur fait payer maintenant soixante francs le pantalon qu'il vendait trente francs il y a vingt-cinq ans, avec cette différence que le drap d'aujourd'hui vaut moitié moins que celui d'autrefois;

Quand un ouvrier réclame de huit à dix francs par jour, avec un travail de dix heures, alors qu'il y a quinze ans il recevait de quatre à cinq francs pour un labeur de douze heures;

Quand enfin tout commerçant, tout industriel réalise des bénéfices de cent pour cent plus élevés qu'il y a vingt ans, on ne dit rien; on trouve cela tout naturel. Tout augmente, vous dit-on; cette plus-value que vous critiquez est donc légitime. Mais on jette les hauts cris parce qu'une cantatrice reçoit cent mille francs par an !

— C'est scandaleux, fait la modiste qui porte à cinq ou six ou même dix louis le chapeau coté naguère à quarante francs !

— C'est insensé, s'écrie la couturière qui facture à quinze cents francs des robes, dites de négligé !

Et le chœur de répéter sur le mode mineur, avec beaucoup d'indignation à la clef :

— C'est insensé ! c'est scandaleux !

— Nos aînés étaient plus raisonnables, ajoutent les gens graves, les pères-nobles de la troupe de comédie qui s'appelle le Monde et dont M. Joseph Prudhomme est resté le chef d'emploi et l'impresario.

— Tout beau, messieurs les scrupuleux ! — dirons-nous à notre tour à tous ces effarouchés ! — Tout beau, mesdames les pudibondes !

Êtes-vous bien sûrs que nos aïeux se montraient plus réservés que nous, quand il s'agissait de leurs plaisirs ? J'ai des raisons de croire que leur folie — si folie il y a — était aussi grande que la nôtre.

S'il me fallait prouver que l'engouement du public et des impresarii pour les comédiennes et les cantatrices date de l'origine du théâtre, cela me serait bien facile. Je me bornerai à citer quelques illustrations du théâtre latin. La belle Dyonisia, ou plutôt la *très belle* Dyonisia pour parler comme Ovide (*pulcherrima*), la première actrice qui ait paru sur le théâtre latin, recevait deux cent mille sesterces, soit cinquante mille francs pour une saison ; or cinquante mille francs au temps d'Ovide en vaudraient trois cent mille à l'heure présente.

Phœbé Vocontia, qui se produisit l'année suivante, traita pour cent soixante-dix mille sesterces. Je ne parle pas des cadeaux merveilleux que leur offraient les plus fiers patriciens et les plus riches affranchis.

Dyonisia était la Sarah Bernhardt et Vocontia la Schneider de ce temps-là.

Apprenez, si vous l'ignorez encore, ô critiques naïfs, que tous les grands comédiens de Rome l'ancienne étaient millionnaires.

Æsopus, qui avait été le plus célèbre acteur tragique et le plus débauché des hommes, comme le plus prodigue des fous, Æsopus laissa à son fils vingt millions de sesterces, débris de sa fortune ! Soit cinq millions de francs. Jolis restes, n'est-il pas vrai ?

L'entrepreneur des jeux payait à Roscius, c'est Cicéron qui nous l'apprend, et sans trop s'en plaindre, cinq cent mille sesterces par an ! Encore, Roscius jouait-il souvent pour rien, afin de conserver les bonnes grâces du peuple.

Savoir jouer gratis dans une occasion solennelle était déjà un art sous le grand Roscius. La réclame a été de tous les temps, au théâtre comme en politique.

Après tout de la politique au théâtre, il n'y a que la différence du rouge et du blanc ; comme les acteurs, les diplomates ont leurs coulisses — et quelles coulisses !

Les chanteurs, les comédiens, mais les Grecs les tenaient en haute estime. Plutarque rapporte que Nicias faisant les frais d'un chœur tragique affranchit un esclave d'une merveilleuse beauté, que les auditeurs avaient applaudi avec enthousiasme dans le rôle de Bacchus : « Attendu qu'il se croirait coupable d'impiété s'il retenait dans la servitude un homme que la voix du peuple venait de consacrer comme un dieu ! » Notons que certains esclaves musiciens valaient jusqu'à cinq talents, c'est-à-dire trente mille francs de notre monnaie.

Pour organiser les chœurs, les citoyens qui subissaient cet honneur dépensaient des sommes énormes. Un discours de Lysias, orateur grec, nous révèle ce que coûtait un chœur.

Je ne citerai qu'un court fragment de cette énumération. « Nommé, dit-il, chorège pour les tragédies, sous l'archonte Théopompe (seconde année de la quatre-vingt-douzième Olympiade), je tirai trente mines de ma bourse (4,580 francs de notre monnaie). Trois mois après je remportai le prix aux Thargélies avec un chœur d'hommes et il m'en coûta 2,000 drachmes... » Les frais s'accrurent tellement que l'on ne trouva plus que de loin en loin quelques citoyens qui consentissent à être chorèges. Les chanteurs et les musiciens avaient des prétentions exorbitantes.

Les Rhapsodes qui, au temps d'Homère, recevaient pour tout salaire le dos d'un sanglier, ou tout autre mets estimé, touchaient, au temps d'Aristophane, de fortes sommes d'argent, sans compter les riches vêtements.

*
* *

Vers le même temps les chanteuses qui venaient, nues, égayer les festins, étaient payées royalement comme les danseuses et les harpistes, qui figuraient aux repas dans le costume le plus primitif.

Lorsque Alexandre le Grand revint des Indes et épousa Statiras, fille de Darius, et Parysatis, fille puînée d'Ochus, en même temps qu'il mariait Ephestion à une autre fille de Darius et quatre-vingt-dix de ses officiers à autant de princesses, il fut célébré des fêtes sans pareilles qui coûtèrent des millions. Les seules couronnes offertes au conquérant macédonien représentaient *quinze mille talents*, environ quatre-vingt-dix millions de francs ! Au nombre des divertissements donnés aux quatre-vingt-douze mariés, il faut citer les tragédies jouées par Thessalus, Athénodore, Aristocrite ; les comédies interprétées par Lycon, Phormion et Ariston ; les concerts d'instruments et de voix exécutés par Héraclite de Tarente, Austocrate de Thèbes, Denys d'Héraclée, Hyperbus de Cyzique, Cratinus de Methyme, Aristonyme d'Athènes, Thimothée, Phirynicus, Caphélias, etc. Or tous ces artistes, citharistes, flûtistes, aulètes, choristes, comédiens, etc., furent tellement comblés de richesses par le puissant impresario de Macédoine que les artistes dionysiaques, appelés jusqu'alors dionysocalaces, reçurent le nom d'*Alexandro calaces*, comme si Alexandre, par les nombreux présents qu'il leur fit, était devenu leur dieu !

D'après Callixène, historien digne de foi, Ptolémée Philadelphe organisa en l'honneur de son prédécesseur Ptolémée Soter une *théorie* ou pompe théâtrale ; et voici ce que dit l'éloquent Athénien à propos de ces merveilles : « On avait pratiqué dans les parties supérieures de ce riche pavillon des loges hautes de huit coudées ; il y en avait six de chaque côté dans la longueur de la salle, quatre dans la largeur. On avait placé dans ces loges, en face les unes des autres, des tables garnies de mets pour les acteurs tragiques, comiques et satiriques, vêtus des habits de leurs personnages et ayant devant eux des coupes d'or. »

Lorsque l'acteur Jason s'empara de la tête de Crassus que Surréna avait fait assassiner, et exécuta une danse furieuse devant le roi des Parthes, celui-ci enchanté lui fit remettre, à titre de gratification, un talent, c'est-à-dire six mille francs !

Comédiens, tragiques favorisés des rois, danseurs et mimes, employés comme ambassadeurs ou recherchés par les plus belles et les plus nobles patriciennes, voilà ce que Martial, Juvénal, Ovide, Lucain, et tous les satiriques de l'antiquité nous montrent dans leurs vers.

Quels récits nous aurions à faire si nous voulions donner la description des spectacles pompeux des Grecs et des Romains! et comme nos plus gros budgets dramatiques paraîtraient mesquins auprès de ces dépenses insensées.

Peut-être, si Dieu m'accorde de longs jours et quelques loisirs, écrirai-je cette curieuse histoire des folies de nos ancêtres en fait d'art ; mais pour aujourd'hui, mes prétentions sont moins ambitieuses, je veux seulement voir si les rossignols du passé lyrique, si les cantatrices du vieil opéra, si les chanteurs du xvi⁰ siècle — car je ne veux pas remonter au déluge, — étaient mieux ou moins rétribués qu'au xix⁰ siècle ; et, ma comparaison faite, j'ai lieu de croire que les scandalisés mettront une sourdine à leur indignation.

Mais avant tout il importe de constater que si certains chanteurs, certaines cantatrices exigent des traitements exagérés, des *encouragements* excessifs, comme eût dit Napoléon I⁰, nul n'est forcé de les subir ; ils ne mettent pas le pistolet sur la gorge à l'impresario ; ils ne contraignent pas leur directeur à signer les engagements, sous peine de mort. Encore moins s'imposent-ils au public qui reste libre d'aller ou de ne pas aller les entendre, tandis qu'il faut se vêtir et se loger quand même.

La musique n'est pas obligatoire comme la viande. Le théâtre n'est pas un objet de première nécessité comme le vin, dont le prix augmente chaque année, sans que la qualité s'améliore, au contraire!

Notons dans tous les cas, que l'auditeur en prend pour l'argent qu'il veut. Il lui est loisible de dépenser dix francs ou quarante sous, pour entendre Mme Judic, et quinze francs ou trois francs pour entendre Mme Krauss.

Je pourrais comparer la musique à la peinture et prouver que l'art pictural est plus coûteux que l'art musical. Ainsi quand un millionnaire paie cent mille francs une toile de Meissonier, toile qu'il placera dans sa galerie particulière et qui ne sera visible que pour quelques amateurs privilégiés, il est clair, qu'en me mettant au point de vue du Prudhomme en question, il fait une folie plus grande, et moins profitable à l'art, au public, que l'impresario qui donne cinq mille francs par soirée à la Patti.

Je dois cependant faire des réserves expresses à propos des traitements énormes que reçoivent certains artistes. Si je reconnais que les chanteurs ont, comme les sculpteurs et les peintres, le droit de demander n'importe quelle somme si grosse qu'elle puisse être et si je ne blâme point l'impresario qui la leur accorde, c'est à la condition absolue que ce ne sera pas au détriment de l'art.

Expliquons-nous :

Il ne faut pas que tout le budget, ou presque tout, soit sacrifié à *l'Étoile*, fût-elle de grandeur démesurée.

Si, sous prétexte que vous êtes obligé de couvrir d'or la première chanteuse, vous ne recrutez autour d'elle que des médiocrités qui se contenteront d'un morceau de pain ou à peu près ;

Si vous rognez sur votre orchestre, sur votre mise

en scène, sur vos chœurs pour arriver à couvrir vos
frais ; si enfin la prima-donna est tout pour vous, et si
vous voulez qu'elle soit tout pour le public, vous pro-
fanez l'art, car l'exécution générale devient honteuse ;
le spectateur ne vient plus pour savourer une œuvre
grandiose, mais pour écouter une voix merveilleuse.

Vous ne faites plus de l'art alors, mais de l'exhibition ; et, au lieu d'applaudir à votre générosité à l'é-
gard de votre prima-donna, l'auditeur et le critique
doivent vous condamner sans pitié.

Faites entendre votre merveille dans un concert
donné exclusivement par elle et non dans une œuvre
qui exige pour être appréciée à sa valeur un ensemble dont tous les éléments se vaillent.

Une toile de maître veut un cadre magnifique ou
n'en veut pas du tout.

Un grand artiste doit être bien entouré.

S'il ne le souffre pas, s'il ne veut avoir que des
nullités à ses côtés, pour mieux faire ressortir son
talent, ce qui est le plus souvent un mauvais système, ce n'est plus un artiste, ce n'est qu'un vulgaire
cabotin.

Est-ce que, bien qu'il fût payé des sommes énormes, le joueur de flûte de l'antiquité était assez niais
et assez vaniteux pour vouloir qu'on lui sacrifiât la
splendeur des jeux pythiques ?

.˙.

Ceci dit en guise de préface, j'entre en matière,
me réservant bien entendu de ne m'occuper que des

artistes hors page ou ayant acquis une notoriété quel·
conque pendant les deux siècles qui viennent de
s'écouler. Toutefois je ne renonce pas à citer quand
l'occasion s'en présentera, le fait qui, par un côté
quelconque, touchera à cette grosse question de la
plus-value des choses de l'art dramatique et lyrique,
en dehors du traitement monnayé.

Par exemple je crois de mon devoir de révéler aux
chroniqueurs de l'avenir un fait assez curieux, et
qui a trait à l'histoire de la musique : Léonard de
Vinci était non seulement un grand peintre et un lit-
térateur distingué ; il était aussi un musicien très habile. On lui doit l'invention d'une lyre particulière.
Voilà ce que tout le monde peut savoir, grâce aux biographes, mais voici qui est moins connu, je crois :

Léonard de Vinci était violoniste et chanteur remarquable. A ce double titre il recevait du duc de
Milan la somme, considérable à cette époque, de
cinq cents ducats par an (1480), si bien que l'illustre
peintre gagnait à chanter tout autant qu'à peindre.
Le violon dont il se servait était à manche d'argent.

La musique ! mais on l'a toujours payée magnifi-
quement et le théâtre a toujours coûté des sommes
fabuleuses.

Lorsque Catherine de Médicis nous amena d'Italie
tout un escadron de jolies femmes, séduisantes à
damner un saint, la musique dramatique, en France,
était encore à l'état embryonnaire. Tout au plus
possédait-on des ballets avec récits chantés, et le premier artiste qui introduisit une certaine régularité

dans ce genre de spectacles fut, on le sait, Baltasarini, dont le maréchal de Brissac fit don à la reine, avec sa bande de violons (1577).

Catherine éleva le musicien à la dignité de valet de chambre et fit de lui l'ordonnateur de ses fêtes, ballets, concerts, etc. Notre homme prit le nom de Beaujoyeux, et, en 1581, composa le fameux *ballet comique de la royne*, pour les noces du duc de Joyeuse et de Marguerite de Lorraine. Or jamais le faste qui fut déployé en cette circonstance ne fut dépassé ni atteint.

Il fut, en effet, dépensé pour monter le divertissement de Théodore Agrippa d'Aubigné, musique de Salmon, Beaulieu (tous deux maîtres de chapelle de Henri II), œuvre de Baltazarini, qui se fit appeler plus tard Beaujoyeux, et de Lachesnaye, aumônier de S. M., ballet représenté en 1581, il fut dépensé, disons-nous, la somme de *douze cent mille écus*, soit en argent, au taux actuel, près de QUATRE MILLIONS DE FRANCS !

Castil-Blaze, qui nous donne ce renseignement, relevé déjà par Durey de Noinville, dans son *histoire de l'Opéra*, calcule l'écu sur le taux de trois livres ; mais si l'on veut tenir compte, et il le faut absolument, de la plus-value des métaux précieux depuis trois siècles, on reconnaîtra que nous n'exagérons pas en estimant à *quatre millions* de francs la somme dépensée pour célébrer les fameuses noces de l'ancien mignon du fils de Catherine de Médicis avec la sœur de Marguerite de Lorraine, Mlle de Vaudemont.

Devons-nous croire que ces quatre millions furent

exclusivement consacrés à *monter* le *ballet de la Royne?* Nous estimons qu'il faut peut-être y comprendre la dépense des collations et autres accessoires de la fête. Dans tous les cas si l'enchanteresse Circé, dont les aventures fournissent le sujet de cette espèce d'opéra, eût pu y assister, elle fût certainement convenue qu'en matière d'enchantement, elle n'avait aucune critique à adresser à l'heureux et ingénieux protégé du maréchal de Brissac.

La part de la musique ne fut guère, il est vrai, que du huitième du total; mais ce huitième représente encore plus de cinq cent mille francs. Trouvez-moi donc de nos jours un souverain qui dépense pour 5oo,ooo francs de noires, de croches et de soupirs pour les noces d'un prince de sa maison.

Pour être fixé sur la rétribution que reçurent les auteurs il faut consulter l'*Histoire de l'Opéra* par Durey de Noinville, déjà cité. Voici ce que j'y ai copié:

« Le roy donna à Ronsard et à Baïf, pour la belle musique par eux ordonnée, et pour les vers qu'ils firent, à chacun *deux mille écus* et promit de payer au marié. dans deux ans; quatre cent mille écus pour la dot de la mariée. »

Ce qui fait qu'au cours actuel de l'argent, Ronsard et Baïf ont touché 25,ooo francs environ, à ne compter l'écu que pour trois livres douze sous. Nous ne parlons pas ici de la musique du ballet qui fut payée à part à de Beaulieu. La chose, ce nous semble, valait la peine d'être notée.

Dans cette pièce merveilleuse, il y avait un rôle important, celui de Jupiter. Or, savez-vous qui le remplit?

Tout simplement Savornin, chanoine de la Sainte-Chapelle! Il ne reçut pas de feux, mais il y gagna un bénéfice! Non pas une représentation à bénéfice, mais une abbaye.

Et voyez-vous comme tout se compense et comme il est de la nature de l'art de faire diffusion des plaisirs qu'il procure : à la première représentation des *Gelosi*, donnée à l'hôtel de Bourgogne le 29 mai 1577, dans l'année où le maréchal de Brissac avait fait cadeau à Catherine de Médicis, de Baltazarini et de sa bande de violons, le peuple paya quatre sous par personne, juste ce que le *titi* paya au paradis à l'ouverture du Petit Lazarri, Boulevard du Temple, en 1830 !

*
* *

Avant de parler des chanteurs profanes et de leur traitement, je crois devoir donner quelques détails sommaires sur les gages que recevaient les chantres des chapelles de musique de quelques-uns de nos rois.

En 1234, Louis IX épousa, comme on sait, la princesse Marguerite, fille aînée de Raymond Béranger, comte de Provence. A l'occasion de ce mariage il fut donné à Aix des fêtes somptueuses ; une d'elles, celle qui eut lieu le jour même du mariage, coûta deux mille cinq cents livres. Le roi donna aux Provençaux qui avaient dansé cent écus d'or, et quarante écus d'or furent en outre attribués à la musique.

La chapelle de plain-chant de Charles IX en 1587 comprenait un maître, douze chantres, un élève et un organiste. Les chantres recevaient chacun 140 livres par an. L'élève 60 livres seulement.

Que touchaient les maîtres et les sous-maîtres ?

D'un état des comptes de la chapelle de musique, établi en 1532, sous François Ier, il résulte que le roi consacrait 9,910 livres pour payer le personnel, non compris 1,680 livres affectées à certains frais de nourriture des chantres. On voit que la redevance du *pain* et du *vin*, établie sous Louis XIV, n'était pas chose nouvelle.

Pour répondre à notre question : que touchaient les maîtres et sous-maîtres, nous dirons qu'en 1543 les sous-maîtres, de Servili et Louis Aurant, recevaient 600 livres par an. Ce traitement pouvait être abaissé à trois cents livres. Ce fut ce chiffre que touchèrent Hilaire-Rousseau et Guillaume Belin, successeurs de ceux que nous venons de nommer.

Ces notes prises, j'entre en plein dans mon sujet.

CHAPITRE II

Parmi les chanteurs du seizième et du dix-septième
siècle, qui en comptaient d'illustres, aujourd'hui
oubliés, je ne citerai que Loretto Vittori, de Spo-
letto. Il était né en 1588 et mourut en 1673. Compositeur, poète et chanteur, il excitait l'enthousiasme
de ses auditeurs. Victor Rossi (*Nicias Erythræus*)
nous dit qu'il était considéré comme un prodige de la
nature et de l'art. Cosme II de Médicis le combla de
présents. Nommé membre du Collège des chapelains-
chantres de la chapelle pontificale, en 1622, il eut à
Rome des succès qui tenaient du délire. Lorsqu'il
chantait son chef-d'œuvre, le *Repentir de la Madeleine*, le public, les femmes surtout, assiégeaient
littéralement l'église. Il recevait trois mille ducats
d'or, le ducat valait 14 livres et la livre représentait
environ 51 centimes de notre monnaie. Vittori tou-

chait donc vingt et un mille deux cent dix francs en 1622. Mais voici qui témoigne encore plus de la faveur dont il jouissait : le pape Urbain VIII, transporté de son mérite, le créa chevalier de la milice dorée ou de l'*Éperon d'or*. Cet ordre, aujourd'hui disparu, et qui a été remplacé par l'ordre de Saint-Sylvestre, était alors un des premiers de l'Italie.

Nous verrons, du reste, plus d'un souverain conférer sa chevalerie à des chanteurs et à des cantatrices ; mais, disons-le en passant, aucune de ces décorations ne fut du caractère de celle de la Légion d'honneur. Dernier hommage rendu à Vittori : le grand chanteur fut enterré dans l'église Sainte-Marie *in Minerva*, de Rome.

Au commencement du xviiᵉ siècle, c'est-à-dire de 1620 à 1645, florissait en Italie une pléiade de cantatrices célèbres, dont voici quelques noms : Costa, Baroni, Sophonisbe, Moretti, Campani ; or toutes avaient, à Florence ou à Venise, palais de marbre, pages à somptueuses livrées, gondoles, etc. La Baroni, qui touchait du téorbe et de la viole, était fille de la célèbre Adriana Baroni ; elle recevait mille ducats de traitement, avait ses équipages et sa cour. Ce fut elle que Mazarin fit venir à Paris, à ses frais, — le fait est à noter, venant de Mazarin, — pour chanter *Serse*, de Cavalli (1654).

Je donnerai une idée des succès de cette diva, en disant qu'elle fut célébrée dans presque toutes les langues. Cortazutti a réuni dans un gros volume les pièces de vers qui lui furent dédiées, avec ce titre : *Applausi poetici alle glorie della signora Leonora Baroni.*

La Costa, surnommée la *Ferrarese*, poëte et cantatrice, était payée royalement. Elle faillit être la cause d'une petite révolution à Rome, à propos de sa lutte avec la Checca *della Laguna.* La ville était partagée en deux camps, *les checcistes,* dont le chef était le prince Aldobrandini, et *les costistes,* commandés par le comte Mario-Chigi, frère de Fabio Chigi. le même qui fut pape sous le nom d'Alexandre VII. La Costa encaissait les ducats par milliers.

J'ai dit que Marguerite Costa était poëte; elle était aussi chorégraphe, car elle avait remis sur ses pieds, en l'honneur de Louis XIV, un ballet carrousel avec chant, dont le sujet était un *Défi d'Apollon et de Mars.* Les chevaux y devaient danser plusieurs quadrilles; mais l'exécution parut si difficile qu'on y renonça.

Ce ballet étrange avait cependant été représenté le 19 octobre 1582, devant Henri II et sa cour. Il avait fallu cinq mois de répétitions pour mettre les chevaux en état de remplir convenablement leur rôle. Les artistes à quatre pieds de nos cirques modernes sont plus faciles à éduquer. On trouvera la description de cette fête dans les œuvres de la Costa, dédiées au cardinal Mazarin et imprimées aux frais de l'État!

Quelques historiens prétendent qu'elle était l'auteur de ce ballet. C'est une erreur, puisqu'elle était

née en 1600 et que la fête avait eu sa première représentation en 1582. Comme nous venons de le dire,
elle l'avait seulement remis sur pieds.

Vers le même temps, la cour de Florence avait
pour pensionnaires les deux sœurs Giulia et Vittoria
Lulle, de la grande famille artistique des Lulle. On
suppose, ceci soit dit en passant, qu'elles descen-
daient d'Antoine Lulle, célèbre grammairien qui,
dans un traité *de Oratione*, publié à Bâle en 1558,
traite de l'application de la musique à l'art oratoire.
Le doge payait à la première vingt mille livres et à
la seconde seize mille. Notez la date (1645), sans
compter le palais, les pages et le reste. Elles auraient
pu brasser des bijoux dans les tiroirs de leurs cabi-
nets d'ébène incrustés d'ivoire.

La Moretti était parente, la fille probablement,
d'André Moretti, surnommé *il maëstrino della citera*
(le petit maître de la cithare).

* *
*

Des cantatrices, revenons aux chanteurs. Nous
dirons d'abord en général que l'on payait au poids
de l'or, pour ainsi parler, les soprani artificiels. Les
femmes se les arrachaient... et les papes aussi. Com-
mençons par un des plus célèbres, Balthazar Ferri,
qui en 1645 était au pinacle. Je ne prendrai dans sa
biographie que ce qui a trait à son incomparable
fortune. En 1625 le roi de Pologne lui fit une situation princière. Plus tard Ferdinand III, empereur
d'Allemagne, le combla d'honneurs et de biens et lui

assura une pension viagère considérable. A Florence, où il avait été appelé, une troupe nombreuse de personnes de distinction des deux sexes alla le recevoir à plusieurs milles de la ville, lui offrit des cadeaux et lui fit cortège comme à un monarque victorieux. Quand il sortait, des fanatiques faisaient pleuvoir sur sa voiture « des nuages de roses, » dit Guinguené.

En 1645, la reine de Suède lui dépêcha un navire de l'État pour le ramener à Stockholm ! Il fut réellement traité en souverain à Vienne, où il fut couronné *Roi des musiciens* devant l'empereur Léopold.

A Londres, à la suite d'un immense succès, une dame masquée, et qu'à sa tenue on supposa appartenir au plus haut rang, descendit sur la scène, lui offrit une magnifique émeraude et le baisa publiquement sur la bouche.

A Pérouse, sa patrie, on lui grava une médaille. L'artiste y est représenté couronné de lauriers. Au revers un cygne, mourant sur les bords du Méandre, avec une lyre qui descend du ciel. Des armes parlantes ou plutôt chantantes. Il avait amassé tant de richesses qu'il put, par un seul legs et sans entamer sensiblement sa fortune, *laisser six cent mille écus* pour une fondation pieuse! Il avait été créé chevalier de Saint-Marc en 1645. Voilà un argument que je signale aux partisans de la croix d'honneur pour les comédiens, mais je ne m'y arrête pas, car il ne vaut rien.

Qu'on nous vienne parler maintenant des triomphes de Victor Capoul en Amérique. Il est vrai que Capoul n'est pas ce qu'était Ferri, ce dont nous le félicitons.

A propos du titre de roi des musiciens, je rappellerai en passant que Ducauroy, célèbre compositeur qui vivait sous Charles IX et mourut en 1609, fut surnommé le *Prince* des musiciens. On lui attribue l'air de *Vive Henri IV* et celui de *Charmante Gabrielle*, dont les paroles seraient du roi Vert-Galant.

.*.

Si Ferri fut chevalier de Saint-Marc, Atto fut ambassadeur. Ce ténor causa d'affreux, ou de charmants ravages dans les cœurs des belles dames de la cour de Louis XIV. Il fut le Capoul du dix-septième siècle. Les dames en raffolaient. Mazarin lui avait donné un appartement dans son palais et le traitait comme s'il eût été un grand seigneur. Il avait mis à ses ordres, carrosses, laquais et pages. La duchesse de Mazarin l'honorait de ses bontés particulières, — à ce que prétendaient les mauvaises langues de la Fronde.

Il recevait, à titre de gratifications, des sommes énormes de la main des gentilshommes et du roi.

Comme notre chanteur était aussi un homme rusé et persuasif, Mazarin fit de lui son ambassadeur près de l'Électrice de Bavière et le chanteur, transformé en homme d'État, convainquit la souveraine qui ne voulait plus se séparer de lui. Fouquet, le surintendant des finances, l'avait choisi pour son agent confidentiel à Rome, et paya royalement ses succès comme diplomate. Tous ces honneurs, toutes ces richesses n'empêchèrent pas le séduisant Atto de chanter le rôle d'Arsamène dans le *Serse* de Cavalli, le 22 novembre 1660. Son frère (Filippo) jouait Amestris, fille du roi de Suse, travestie en soldat, et le rôle d'Adelante, sœur de Romilda, était tenu par *il signor Melonei, abbate!* Atto était millionnaire.

Les chanteuses de concerts avaient aussi du succès, mais moins que les actrices. Ainsi Tallemant des Réaux, en parlant de Mlle Sandrier, qui donna plusieurs matinées, en revenant de Turin, nous dit qu'elle fit bien du bruit, mais que cela ne dura guère, « plusieurs trouvent même qu'elle chante mal, car c'est tout à fait à la manière d'Italie. » La plus belle recette fut de trois cents et quelques livres (1660). Mais Mlle Sandrier trouva des compensations au peu d'empressement du gros public, auprès des grands seigneurs.

On croit généralement que l'art de vendre ses nippes, pour s'en faire de belles et bonnes rentes, a été inventé par nos modernes princesses de la rampe ou du boudoir. C'est une erreur profonde. Ces dames ne font que de la contrefaçon, comme nos reporters, quand ils enregistrent ces ventes après décès... d'amour, ainsi que je le vais établir pièces en mains.

En 1562, Christine, la grande Christine, reine de

Suède, qui prisait tout aussi bien pour son service personnel les cantatrices que les soprani artificiels, après avoir comblé de faveurs le séduisant Ferri, fit venir à la cour Mlle de la Barre, fort jolie personne, dont la voix de soprano était une merveille de pureté, et dont l'originalité doublait le talent. La charmante artiste devint la favorite de celle qui, plus tard, devait faire tuer Monaldeschi à Fontainebleau, pour crime de trahison et non pas pour infidélité, n'en déplaise aux romanciers.

Il faut dire la vérité en passant: Christine de Suède a assez de gros péchés sur la conscience sans la charger de ce crime; que le dépit de la femme entrât pour quelque chose dans la colère de la reine, on ne saurait le nier absolument, mais ce fut la reine trahie qui se vengea et non la femme offensée.

Mlle de la Barre passa donc deux ans à Stockholm, puis un an à Copenhague. Lorsqu'elle revint en France, en 1655, elle avait tant de bijoux et de pièces d'orfèvrerie, indépendamment des milliers de ducats qu'elle avait économisés, qu'elle songea à en tirer profit. Elle sollicita du roi et obtint l'autorisation de mettre ses richesses en loterie, ou, du moins, une partie. Cette petite spéculation lui rapporta *deux cent vingt-cinq mille livres*, soit environ sept cent mille francs de notre monnaie.

Voici en quels termes Loret, le reporter rimeur, nous a transmis le fait:

> Cette fille qui, de sa voix,
> Charme les reines et les rois,

> La Barre, sage, aimable et belle,
> Ayant mainte riche vaisselle
> D'un excellent vermeil doré,
> Artistement élabouré,
> Maint bassin, flambeau, vase, aiguière,
> Tournés d'une rare manière;
> Des bracelets et des colliers
> Galants, jolis et singuliers,
> Bref, mainte et mainte pierrerie,
> En a fait une loterie.

Et Loret vous le dit, messieurs les critiques, Mlle de la Barre était sage! Deux cent cinquante mille livres de bijoux distraits de cadeaux reçus en trois ans! Quelle prime à la sagesse!

* *

Je viens de constater que les chroniqueurs du XIXe siècle ont été devancés par ceux du XVIe, il en est de même des faiseurs de réclame. Dix ans plus tôt l'Opéra, après s'être arrêté à Carpentras, était venu s'établir à Paris. Mazarin avait succédé à Richelieu. Je veux dire que *la Festa teatrale della finta pazza* avait succédé à *Mirame*, cette chère *Mirame* que le grand cardinal avait installée dans la salle du Palais-Royal, moyennant neuf cent mille livres!

L'œuvre de Giulio Strozzi fut représentée au palais du Petit-Bourbon; et le 24 décembre 1645, l'impresario avait fait distribuer un programme aux spectateurs. En voici quelques passages:

« Flore sera représentée par la gentille et jolie Louise-Gabrielle Locatelli, dite *Lucile*, qui, avec sa vivacité ordinaire, fera connaître qu'elle est une vraie lumière de l'harmonie. »

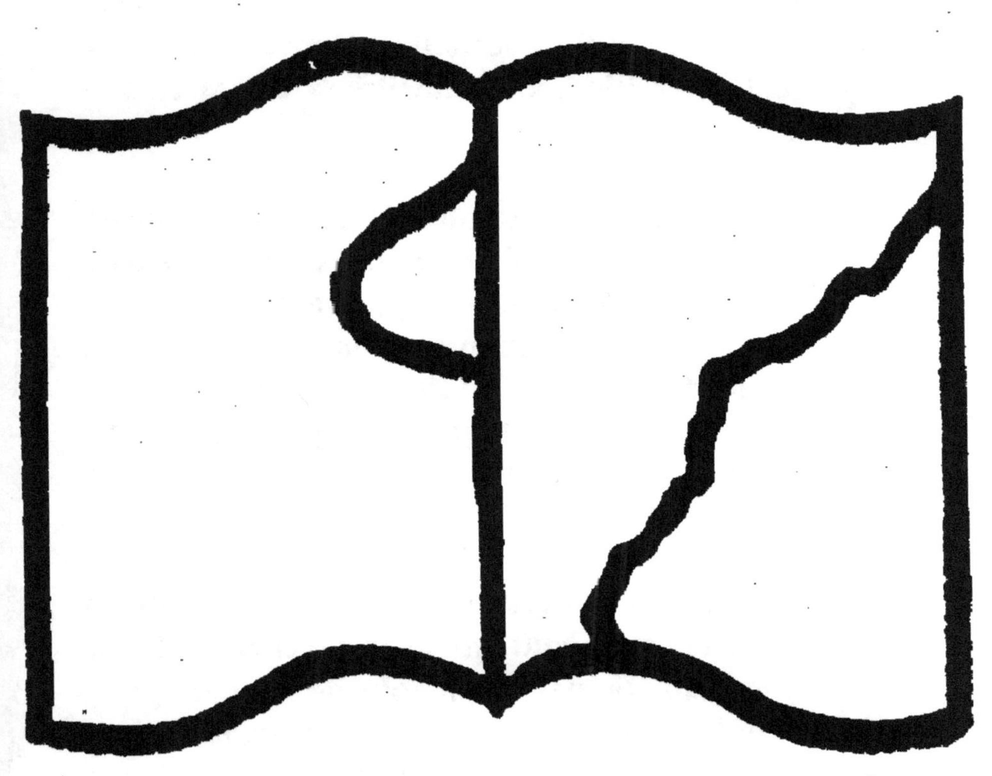

Texte détérioré — reliure défectueuse
NF Z 43-120-11

Sur la page 7 de ce programme, qui ressemblait à un livret de ballet, on lisait :

« Cette scène sera chantée et Thétis sera représentée par la signora Guilia Gabrielli, nommée *Diane*, laquelle, à merveille, fera connaître sa colère et son amour. »

Un peu plus bas :

« Le prologue sera exécuté par la très excellente Marguerite Bertolazzi, dont la voix est si ravissante que je ne puis la louer assez dignement. »

Enfin, vers la fin du programme qui analysait cette scène de l'ouvrage, on lisait ceci :

« Cette scène sera toute sans musique, mais je puis dire qu'elle fera presque oublier l'harmonie passée. »

.•.

Mais ce n'était pas seulement pour les chanteurs que la réclame embouchait la trompette, MM. les comédiens du Marais étaient loin de la dédaigner. Ainsi en décembre 1648, on distribua, dans Paris et dans la salle, le jour de la première représentation le prospectus-réclame suivant en l'honneur d'une pièce de l'abbé Boyer, si maltraité par Racine : *Ulysse dans l'Isle de Circé ou Euriloche foudroyé, qui se représentera sur le théâtre du Marais par les comédiens entretenuz de leurs Majestez.* Le programme avait plusieurs pages, avec la description des cinq actes accompagnée d'un long éloge pour chaque scène.

En voici l'exorde qu'il serait malheureux de passer sous silence :

« Le Théâtre-Français, depuis quelques années, est devenu si fameux, par l'excellence des ouvrages qui s'y représentent et par la magnificence du spectacle, qu'il semble que toute l'invention humaine ne saurait porter la comédie dans un plus haut point. De sorte que pour guérir de cette opinion, tous ceux qui visitent d'ordinaire les théâtres, il était très important de donner au public une peinture des merveilles qui paraîtront, le 27 décembre, dans la représentation d'*Ulysse dans l'île de Circé ou d'Euriloche foudroyé*, *par la troupe des comédiens du Marais*.....

« Au premier acte, c'est la mer environnée de grands et affreux rochers qui occupent toute l'étendue de la scène, où l'agitation des flots est figurée si naïvement qu'elle pourrait contenter la curiosité de ceux qui font de longs voyages pour aller voir des orages sur la mer ! »

Mais je n'ai pas à m'occuper des comédiens, cela viendra un autre jour et je m'arrête, bien que le document soit des plus curieux.

Mazarin n'était pas, à beaucoup près, aussi généreux que Richelieu avec les artistes, car il paraît que les trois cantatrices que nous venons de citer ne reçurent que quatre cents livres pour leurs trois cachets. Cependant cent trente-cinq livres en 1645 représenteraient bien six cents francs en 1882 et ce chiffre n'est pas à dédaigner. D'ailleurs les grands seigneurs se disputaient l'honneur et le plaisir de compenser auprès des belles virtuoses la ladrerie ministérielle.

CHAPITRE III

Je dois exécuter une reprise à propos de la Baroni dont j'ai déjà parlé dans le chapitre précédent. Mme de Motteville, dans ses intéressants *Mémoires pour servir à l'histoire d'Anne d'Autriche*, s'occupe souvent de l'illustre cantatrice.

« La reine, qdit uelque part la veuve du vieux président de la Cour de Rouen, voulut passer les chaleurs à Ruel, chez la duchesse d'Aiguillon (1644). Elle se divertissait à se promener tous les soirs ; et pendant qu'elle fut en ce délicieux séjour, elle faisait chanter souvent *la signora Léonora, una virtuosa* que le cardinal (de Richelieu) avait fait venir d'Italie, et dont la voix était fort belle. »

Or cette « illustre Léonora, » comme l'appelle Maugars, prieur de Saint-Pierre-Eynac, violiste du cardinal de Richelieu, recevait à titre de gratification extraordinaire cent livres par soirée sur la cassette de la reine. Elle était de plus logée, hébergée au château, avait carrosse et laquais.

Qu'elle chantât ou ne chantât point, ce traitement lui était acquis, sans compter les cadeaux que lui faisait sa royale auditrice.

Cent livres par soirée, en 1644, c'était à tout prendre plus que Mlle Bilbaut-Vauchelet — aujourd'hui madame Nicot, — ne reçoit à l'Opéra-Comique de nos jours ; car les cent livres de Léonora Baroni représenteraient cinq cent francs, maintenant, au bas mot. Si, de plus, la charmante diva de l'Opéra-Comique voulait avoir carrosse, laquais, château, comme son illustre devancière, ce serait sur sa bourse qu'elle devrait payer le tout, et non sur celle de son impresario M. Carvalho, qui. si galant qu'il soit, n'ira pas jusqu'à vider sa caisse pour solder les impayables et merveilleuses fioritures de sa gracieuse pensionnaire.

Il est vrai que la charmante Arlette ne joue pas de la théorbe ; mais elle est aussi bonne violoniste que parfaite musicienne et l'on peut dire d'elle ce que Maugars écrivait de son idole, la Baroni :

« Je me contenterai seulement de vous dire qu'elle est douée d'un bel esprit, qu'elle a le jugement exquis pour discerner la bonne musique, qu'elle l'entend parfaitement bien, voire même qu'elle en compose, ce qui fait qu'elle possède absolument ce qu'elle chante, et qu'elle prononce et exprime à merveille le sens des paroles. »

Que recevait la sympathique Mme Brunet Lafleur à l'Opéra Comique, en 1868? — elle eut un premier prix au Conservatoire — douze mille francs par an, rien de plus, c'est-à-dire en calculant à raison de quatre représentations par semaine soixante francs par cachet! et mademoiselle Derasse que touchait-elle rue Favart, avant de traiter avec le grand théâtre de Lyon? Six mille francs, pas davantage.

.·.

Mazarin, bien qu'il fût un ladre de la première espèce, avait cependant compris qu'il ne fallait pas arrêter, faute de quelques centaines d'écus, l'essor du drame lyrique; c'est pourquoi il fit venir d'Italie à ses frais, ou plutôt aux frais du trésor royal, une seconde troupe de chanteurs. Elle arriva en 1647 et débuta le 23 février, par un opéra-ballet dont le nom n'est pas venu jusqu'à nous et dont la *Gazette de France* ne parle pas, ce qui est extraordinaire de la part de Renaudot. Mais quelque temps après, le 5 mars, dans la salle bâtie au Palais-Royal par Richelieu, cette troupe exécuta *Orfeo ed Euridice* de F. Rossi, dont la mise en scène coûta *cinq cent cinquante mille livres!* Cinq cent cinquante mille livres pour monter un opéra-ballet, il y a près de deux siècles et demi! Avouons que nos *impresarii* modernes sont de bien piètres personnages auprès du cardinal de Mazarin! — Il est vrai que c'était l'État qui payait. On ne sait rien de bien précis sur la somme que reçurent les cantatrices; toutefois, on estime qu'elles durent toucher cinquante livres de gratification, ce qui serait bien maigre, surtout si, comme le prétend Castil-Blaze, cette seconde troupe était supérieure à la première, qui comme, je l'ai dit, comptait dans ses rangs Locatelli, Bertolazzi et Gabrielli !

Cinquante livres ! voilà un chiffre qui peint tout Mazarin ! Cinquante livres ! Mais la plus petite étoile de café-concert repousserait dédaigneusement cette misère, si quelque particulier la lui offrait pour venir lui chanter une gauloiserie.

Il me souvient qu'il y a dix-sept ans, Mlle Zulma Bouffar, que je suis loin d'assimiler à une diva de café, venue au Casino de Vichy, où elle chanta avec un succès énorme *le Coucou*, se fâcha parce que le chef d'orchestre, ce pauvre Bernardin, aujourd'hui mort, ne lui avait donné qu'un cachet de cent francs, frais payés, bien entendu. M. Caillou, alors directeur, et directeur aussi intelligent que généreux — encore un mort — trouva comme elle le cachet insuffisant et, par le télégraphe, l'informa que la somme était doublée.

Je m'empresse de constater que les temps sont, — heureusement pour elle — bien changés pour Mlle Bouffar, devenue l'une de nos grandes étoiles d'opérette ou de féerie. Ce n'est plus par centaines de francs que se chiffrent ses appointements, mais par milliers, ainsi que le constate la lettre qu'elle adressa, il y a quelques années, au chroniqueur du *Gaulois*, en rectification d'un dire de celui-ci, lettre que nous citons à titre de document officiel.

2.

« Luc-sur-Mer, 18 août.

« Monsieur le rédacteur,

» Vous terminez votre courrier des théâtres d'hier par une nouvelle qui contient, en ce qui me concerne, deux inexactitudes qu'il m'importe de faire rectifier :

» 1o Mon engagement avec la direction de la Gaîté pour les représentations du *Roi Carotte* se monte à 54,000 francs et non à 30,000, comme vous le dites :

» 2o La réduction de 150 à 40 francs par soirée, à laquelle vous prétendez que j'ai consenti, ne m'a jamais été proposée.

» En un mot, mon traité n'a subi aucune modification.

» Veuillez me donner acte de cette rectification et agréer l'assurance de mes sentiments distingués.

« Z. BOUFFAR. »

Il fut fait droit à la réclamation légitime du Prince Charmant de la féerie ; toutefois le journaliste fut piqué du ton quelque peu impérieux de la lettre et il y riposta par quatre lignes très vives, trop vives même ; mais il en est parfois des plumes des critiques comme des ongles des femmes : qui s'y frotte s'y écorche.

Voici ces quatre lignes, que nous n'eussions pas écrites, mais que notre fidélité d'historien nous force de reproduire.

« Que Mlle Bouffar soit heureuse, la rectification

est faite. Mais j'avoue que payer cette demoiselle 54,000 francs, pour chanter la musique de M. Offenbach, je la trouve raide!

« FRANÇOIS *intérim.* »

Ajoutons que Mlle Bouffar ne s'en porta pas plus mal et continue de recueillir des bravos et des billets de mille francs, ce dont nous la félicitons.

**

Pour en revenir aux pauvres gratifiées de monsignore Mazarini, je dois convenir que la ladrerie cardinalesque ne les empêchait pas de mener grand train et même de venir largement en aide aux pauvres. La Locatelli était très charitable et faisait dire force messes. Elle avait ses pensionnaires, et comme la plupart des artistes, donnait souvent sans compter.

Je n'ai pas à dire comment, par quels miracles d'économie elles résolvaient, toutes, le problème de se donner le superflu, quand leur impresario ne leur payait pas de quoi solder le nécessaire ; j'enregistre seulement qu'elles vivaient en princesses, en princesses riches bien entendu, et que les prodigalités des cantatrices modernes en vogue sont presque des traits d'avarice, si on les compare aux caprices luxueux des virtuoses dont je parle.

**

J'ouvre une parenthèse pour poser une question aux érudits de la musique : De qui est décidément *Orfeo ed Euridice?* Faut-il mettre cette partition dans le bagage de F. Rossi, comme le prétend Castil-Blaze, ou dans celui de Zarlino, comme quelques-uns l'affirment ? Est-elle l'œuvre de Monteverde, représentée à Mantoue en 1608, comme le dit M. Félix Clément ? N'est-elle d'aucun de ces compositeurs, comme le croit M. G. Chouquet ?

J'espérais trouver une réponse à cette question dans le compte-rendu de la représentation publié par Renaudot dans le n° du 8 mars 1647, de *la Gazette de France ;* mais notre feuilletoniste se contente de faire l'éloge de la pièce en termes enthousiastes. Le compte-rendu remplit douze pages et demanderait plus de vingt-cinq colonnes de feuilleton d'un grand journal d'aujourd'hui. En voici le titre, que nous copions textuellement, en conservant la disposition typographique.

LA REPRÉSENTATION

NAGUÈRES FAITE DEVANT LEURS MAJESTÉS

Dans le Palais-Royal de la tragi-comédie d'Orphée en musique et vers italiens.

*Avec les merveilleux changements
de théâtre, les machines et autres
Inventions jusqu'à présent inconnues
En France.*

Je regrette de ne pouvoir reproduire ici ce premier feuilleton critique, mais je crois devoir en donner deux passages en en maintenant l'orthographe. Le compte-rendu est fait acte par acte et scène par scène.

Il débute par un long préambule, après quoi l'auteur commence ainsi :

« En la première Scène du premier Acte, laquelle représentoit un bocage dont l'estenduë et la profondeur sembloit surpasser plus de cent fois l'espace du Théâtre, il parut un Augure assis dans sa chaire, consulté par Endymion, pére d'Eurydice, sur le succez que devoit avoir le mariage de sa fille avec Orphée, excellent Poëte et Musicien, fils d'Apollon : sur quoi deux tourterelles emportées, par autant de vaultours lui ayant donné un mauvais présage, cette divination à laquelle, l'antiquité ajoustoit le plus de foy, laisse Endymion d'autant plus désolé de la response sinistre qu'il croid n'en pouvoir éviter l'effet nonobstant les raisons de la Nourrice de sa fille qui convainquoit d'imposture les présages tirés du sang et de la pasture des Oyseaux et l'encourageoit à suivre les insinuations de sa fille au chois et vn si parfait espoux et cependant que la compagnie est divertie par le chœur familier aux ministres de cet Augure, qui prirent pour leur sujet les traverses des amans : Il va expier à une fontaine le malheur qu'il avoit préveu. »

Voici maintenant l'exposé de la neuviéme scène du troisiéme acte.

« Orphée est donc dans la neuvième scène introduit par Caron et chante si bien sur sa lyre qu'il émeut Pluton à lui rendre un Eurydice à côdition qu'il ne la regardera point qu'elle ne soit hors de l'Empire des morts : de quoi Orphée ayant remercié Pluton il s'en retourne avec un Eurydice qui le suit, et Proserpine s'en réjouit de sorte qu'elle commande une danse générale de tous les Démons. Cette danse fut l'une des choses la plus divertissante de toute l'action : Car ils parurent lors sous la forme de bucentaures, de hiboux, de tortuës, d'escargos et de plusieurs autres animaux estranges et monstres les plus hideux que les Poëtes et les Peintres feignent habiter ces lieux-là où ils dansèrent au son des cornets à bouquins, avec des pas extravagans et une musique de même... »

On voit que nos chorégraphes modernes n'ont rien inventé au fait de fantaisies burlesques, car nous en sommes encore aux excentricités de 1647, ce qui ne laisse pas que d'être humiliant.

Mon très érudit ami Théodore de Lajarte, qui a retrouvé tant de musique de danse, devrait bien nous rendre la partie du cornet à bouquin d'*Orfeo ed Euridice.*

.*.

Dans ces douze pages in-quarto, dont je viens de donner des extraits, le nom des auteurs n'est pas mis une seule fois. Je n'essaierai donc pas de trancher cette question de paternité lyrique.

Je me permettrai seulement de faire observer à Castil-Blaze, qui attribue à François Rossi, c'est-à-dire à l'abbé François Rossi, *Orfeo ed Euridice,* que le chanoine de l'église métropolitaine de Bari est né vers 1645, et qu'il semble difficile qu'il ait écrit un opéra en 1647. — Notons que Fétis n'ose pas attribuer cette partition à Zarlino ; il se contente de citer l'opinion de Betinelli.

Scarron ne fut pas, quant à l'œuvre de Rossi, du tout de l'avis de Renaudot, et je demande à citer *la Mazarinade* où le célèbre cul-de-jatte *empoigne*, comme on dirait aujourd'hui, la partition et le ballet. C'est à Mazarin que s'adresse le prédécesseur de Louis XIV... auprès de Mme de Maintenon :

> Outre cette vertu de coq,
> On te tient inventeur du troc (1),
> Du beau jeu du trente et quarante,
> De certaine chaise roulante,
> Autre cheval de Pacolet,
> Et de plus, de ce *cher* ballet,
> Ce beau, mais malheureux Orphée,
> Où pour mieux parler ce Morphée
> Puisque tant de monde y dormit ;
> Ma foi, ce beau chef-d'œuvre mit
> En grand crédit, ton Éminence,
> Ou plutôt ton Impertinence.

Mazarin ne tint pas compte des critiques, et poursuivit son œuvre d'importation lyrique ; ajoutons qu'il fit bien. Que les artistes s'en montrent reconnaissants ; car en cette circonstance l'adorateur d'Anne d'Autriche travailla pour eux plus qu'aucun autre.

Mais voilà une cadence bien longue pour n'être pas toujours dans le ton général de mon morceau ; je me hâte d'y revenir et c'est le chroniqueur Loret qui me fournit ma rentrée.

L'historien rimeur, il faut bien le dire, n'était pas

1. Jeu de cartes dans lequel certaines cartes coupent toutes les autres.

avare de louanges à l'adresse des cantatrices. A presque toutes celles dont il parle, il prodigue de l'*incomparable* et de la *merveilleuse*. C'est ainsi qu'en rendant compte d'une fête offerte au duc de Mantoue, par le cardinal Mazarin, le 15 septembre 1655, il s'exprime ainsi :

> Avec la beauté des paroles,
> Les voix, les luths et les violes
> Et les clavecins mêmement
> Agirent tous divinement.
> L'incomparable La Varenne
> Y chanta comme une syrène ;
> La signore Anne (1), d'autre part,
> A l'auditoire aussi fit part
> Des merveilles dont elle enchante
> Quand elle parle ou qu'elle chante.

Quelle somme donc Mazarin versa-t-il dans les mains de cette « incomparable? » L'histoire n'est pas formelle sur ce point. M^mᵉ de Motteville donne à entendre que l'impresario à robe rouge ne fut pas généreux outre mesure ; elle parle de soixante livres de gratification ; mais la cantatrice fut présentée au Duc, grand amateur, qui lui fit un cadeau splendide, un collier de haut prix. C'est ce que Sophie Arnould appelait le casuel de la paroisse de l'Opéra.

1. Bergerotti.

CHAPITRE IV

Le 3o avril 165g, l'abbé Perrin et l'organiste Cambert, que protégeait M. de La Haye, font représenter, comme on sait, dans une salle basse de la maison
que ce seigneur millionnaire possédait à Issy, *la
Pastorale en musique* que le public baptisa l'*Opéra
d'Issy*.

Perrin était introducteur des ambassadeurs près de
Gaston, frère du roi, et Cambert surintendant de la
musique de la reine-mère.

Les rôles étaient tenus comme il suit :

ALCIDOR, berger, basse : M. le comte de Fiesque ;

THYRSIS, berger, taille : M. le chevalier de Fiesque ;

SYLVIE, bergère, dessus : Mlle de Sarcamanan,
       cadette ;

DIANE, bergère, dessus : Mlle de Sarcamanan, aînée;
UN SATYRE, taille-basse;
PHILANDRE, berger, bas-dessus;
PHILIS, bergère, dessus.

On n'a pas conservé les noms des artistes chargés de ces trois rôles. On sait seulement que le rôle de Philandre était rempli par un enfant.

La pièce fut jouée une dizaine de fois à Issy, puis au château de Vincennes, devant la cour, à ce que nous apprend Beauchamps.

Les deux sœurs Sarcamanan furent payées trois cent cinquante livres par représentation, de plus ces artistes furent logées, hébergées, *habillées*, ceci est à noter, amenées et reconduites en carrosse.

Ce furent les deux Fiesque, *les deux illustres frères*, comme les appelle l'abbé Perrin, dans sa lettre à l'archevêque de Turin, qui se firent les *impresarii* des deux sœurs virtuoses.

C'est du chevalier de Fiesque que Benserade a dit :

« Et les rochers le suivent quand il chante. »

Perrin s'exprime en ces termes dans sa lettre au cardinal de Rovère sur le mérite de ses artistes :

« La *parure*, la bonne mine et la jeunesse de nos acteurs et de nos actrices, dont celles-ci étaient de l'âge depuis quinze jusqu'à vingt-deux ans, et les acteurs depuis vingt jusqu'à trente, tous bien instruits et déterminés comme des comédiens de profession. Vous en connaissez les principaux, les deux illustres sœurs et les deux illustres frères, que l'on peut compter entre les plus belles voix et les plus savantes de l'Europe; le reste ne les démentait point. »

Ainsi, Mlle de Sarcamanan aînée avait vingt-deux ans au plus.

Je sais qu'aux termes des engagements les costumes de caractère restent, à Paris du moins, à la charge des directeurs; et qu'en province les artistes doivent posséder la garde-robe de leur emploi ; mais alors il n'y avait pas de directeur proprement dit; les frères Fiesque ne faisaient pas de spéculation et leur générosité fut complète, ce que je tenais à constater.

Si l'on veut bien se rendre compte que les habits de théâtre, même ceux des bergères, étaient fort riches et par conséquent fort chers; si l'on ajoute que les deux cantatrices n'eurent rien à débourser et qu'elles reçurent une gratification de la part du roi, lorsqu'elles allèrent à Vincennes, on voudra bien reconnaître que les deux Sarcamanan n'eurent pas trop à se plaindre ; car trois cent cinquante livres en 1659 représenteraient aujourd'hui au moins quatorze cents francs.

Mme Marie Cabel, également défrayée de tout à Vichy, en 1866, ne recevait pas trois cents francs par soirée et, n'en déplaise à l'abbé Perrin, Mme Marie Cabel, à en juger par l'importance des rôles, avait un talent quelque peu supérieur à celui des Sarcamanan. Celle-là fut une virtuose de premier ordre, vocaliste tout à fait hors ligne; elle restera comme un modèle que bien peu sont appelées à égaler et son nom rayonnera au milieu de la pléiade dont l'art français s'honore à bon droit.

Sait-on combien une autre virtuose, également de premier ordre, vocaliste merveilleuse et femme charmante en tous points, Mlle Marimon, recevait à l'Athénée pour chanter une *Folie à Rome*, de Frédéric Ricci ? Deux cents francs par soirée! et son succès fut prodigieux. Vers le même temps, Mlle Daram touchait 1,500 francs par mois pour dix représentations. Que l'on compare et qu'on dise de quel côté est l'avantage.

Mlle de Sarcamanan cadette avait reçu soixante-quinze livres pour avoir chanté pendant la semaine sainte, en 1656, dans l'église des Feuillants, c'était bien peu ; mais elle chantait pour l'amour de Dieu !

Quel était donc l'âge de Mlle Sarcamanan cadette ? Si la sœur aînée avait 22 ans en 1659, celle-ci en avait seulement 19 en 1656, et la jeune Sylvie de la *Pastorale* au plus 18 ; par conséquent elle avait à peine 15 ans quand elle chantait aux Feuillants en 1556.

Loret lui consacre les vers suivants :

> Et l'aimable Sarcamanan,
> Qui pourrait chanter tout un an
> Sans ennuyer mille oreilles,
> Fit ce jour avouer à tous
> Que son chant parfaitement doux,
> Approchant de celui d'un ange,
> Mérite honneur, gloire et louange.

A côté de Mlles de Sarcamanan et de Mlle de La

Barre, dont j'ai déjà parlé, comme *fille sage et mil-lionnaire*, se placent Mlles de Saint-Christophe et Hilaire Le Puis, qui, elles aussi, chantèrent aux Feuil-lants aux offices des mercredi, jeudi et samedi saints. Elles touchèrent une gratification de quatre-vingt cinq livres. Pourquoi cette plus-value de dix livres en leur faveur? que dut penser Mlle de Sarcamanan cadette? car enfin le public les mettait sur le même rang toutes quatre, témoin ce distique de Loret:

> Quatre filles qui sont de celles
> Qu'on admire pour chanterelles.

J'ajouterai qu'elles paraissaient ensemble, et sur le même pied, dans le *Ballet des Arts*, exécuté en 1663, devant S. M. Louis XIV. L'inégalité de ce traitement blessa, paraît-il, Mlle de Sarcamanan aînée, qui prit en main la défense de sa sœur.

Je vais dire comment :

Mlle Hilaire Le Puis était une merveille de grâces, elle était de plus douée d'une voix adorable et d'un grand sentiment musical. Elle dansait et chantait de façon à captiver tous les cœurs.

Elle était fille du sieur Le Puis, qui tenait le caba-ret du Bel-Air, rue de Vaugirard, près du Luxem-bourg. Castil-Blaze prétend qu'elle n'était pas même jolie, qu'elle n'avait de bien que la voix et les dents. Cependant, n'en déplaise à l'érudit, mais partial historien de la musique, si elle n'eût pas été belle, l'aurait-on choisie pour représenter Vénus dans *Ercole amante*, de Rovetta, et pour chanter devant le roi le rôle de la beauté dans *le Mariage forcé*, ballet de Molière ou Mollière.

Nos ancêtres n'étaient pas, comme nous sous ce rapport, ennemis de la vraisemblance.

Quoi qu'il en soit, elle eut un succès énorme dans *le Ballet des Saisons*, dansé le 23 juillet 1661, à Fontainebleau. Elle y tenait le principal rôle récitant, celui de la nymphe de Fontainebleau, parlant au roi. Voit-on d'ici Lulli, lui le courtisan habile, donnant à Louis XIV une femme laide pour partenaire !

Malgré ses talents, elle ne touchait que *trois cents livres* par an ! Cette modique somme lui fut servie, sans plus, pendant la durée de son engagement ; et, au bout de quelques années l'économe cantatrice avait acquis hôtel, carrosses, laquais et diamants ! Ce fut ce résultat, quelque peu miraculeux, que Mⁱˡᵉ de Sarcamanan l'aînée, pour venger sa sœur, s'empressa de signaler, — dans un quatrain — car la dame avait de la littérature — qui nous est parvenu et que voici :

> Trois cents livres, c'est une somme,
> Voyez Hilaire, elle paya
> Laquais, carrosse avec cela...
> Il est vrai qu'elle est économe!

Cela prouve que l'art d'acheter un château sur des économies prélevées sur un traitement de douze cents francs, ne date pas de *la Dame blanche* et que Georges Brown n'est qu'un vil plagiaire.

Mⁱˡᵉ Hilaire aurait pu renvoyer la balle aux deux

Sarcamanan, en chargeant les deux Fiesque de marquer les points; mais quoi, une épigramme passe et les châteaux restent.

L'épigramme de Mlle de Sarcamanan ne nuisit en rien à Mlle Hilaire qui conserva sa voix jusqu'à soixante ans, et qui, à cinquante ans, eut encore d'énormes succès à Londres, succès d'argent et de beauté, n'en déplaise à Castil-Blaze. Elle était élève de Niel et de Michel Lambert, son beau-père; elle devint la tante de Lulli, quand celui-ci épousa Madeleine Lambert (24 juillet 1662).

Mlle Hilaire gagna des milliers de livres sterling en Angleterre, tout comme les ténors Boutelou et Dumesnil dont j'aurai à parler.

.

Mlle de Saint-Christophe, première chanteuse, débuta à l'Opéra assez tard, puisqu'elle avait été femme de chambre d'Henriette d'Angleterre, duchesse d'Orléans.

Loret, dans sa *Muse historique* de 1658, parlant d'un concert merveilleux exécuté à la cour, consacre aux artistes les quatrains suivants:

> La Barre, cette illustre fille,
> Dans les yeux de laquelle brille
> Je ne sais quoi de si charmant
> Qu'un dieu même en serait amant;
>
> La sage demoiselle Hilaire,
> Dont la voix douce, nette et claire
> Ne peut, avec droit et raison,
> Recevoir de comparaison!

> Raymond, charmante demoiselle
> Qui, par sa grâce naturelle
> Et ses délicieux fredons,
> Ferait plus que cent Cupidons.
>
> Anna, l'aimable Italienne
> Que le ciel conserve et maintienne,
> Dont l'esprit, la voix et les yeux
> N'ont rien qui ne soit précieux.
>
> Le sieur Legros, chantre admirable,
> Qui passe pour incomparable ;
> Bref, Lallemand, Beaumont, Vincent,
> Qui seuls en valent plus de cent.

Quelle était cette charmante demoiselle Raymond que nous vante ici Loret ? je l'ignore, j'ai vainement cherché quelques renseignements sur son compte. J'ai trouvé seulement ce nom dans la liste des figurantes de l'Opéra du milieu du xviie siècle ; il me paraît douteux que ce puisse être la même ! Cependant tant de figurantes sont devenues des reines qu'il se peut que la Raymond de Loret et celle de l'Opéra soient une seule et unique personne. Quant à Mlle Hilaire, on voit que Loret ne partageait pas sur cette artiste l'opinion de Mlle Sarcamanan l'aînée. Il est vrai que Loret n'est pas chiche de l'épithète de *sage*, car il l'a octroyée même à Mlle La Barre !

A propos de Mlle Hilaire Le Puis, qui laissa plusieurs enfants, je retrouve dans mes notes le nom d'une première dugazon du théâtre de la Monnaie qui, elle aussi, s'appelle Hilaire. Cette jeune femme gagnait à Bruxelles, en 1856, huit cents francs par mois. Il serait curieux que la dugazon du théâtre belge fût une descendante de la fille du cabaretier du Luxembourg.

.

Puisque j'ai cité le *ballet des Saisons*, je veux, pour l'honneur de la musique, relever ici un fait oublié par ceux qui ont écrit l'histoire de Louis XIV.

Dans ce ballet, pour lequel il fut établi *neuf cents* costumes et habits neufs, — pendez-vous, chorégraphes, *impresarii* et metteurs en scène modernes, — Sa Majesté remplissait le rôle de la blonde Cérès. Le royal danseur fut particulièrement ravi par une adorable moissonneuse qui, d'une voix timide, balbutiait, sur une espèce de récitatif, le quatrain que voici.

> Cette beauté, depuis peu née,
> Ce teint et ces vives couleurs,
> C'est le printemps avec ses fleurs
> Qui promet une bonne année.

On ne dirait ni mieux, ni plus mal, aujourd'hui, dans une revue. Cependant ces vers de mirliton furent trouvés fort beaux par le roi qui le prouva peu de temps après à la bergère.

Cette moissonneuse, cette nymphe, cette cantatrice s'appelait Louise-Françoise de la Beaume-le-Blanc, comtesse de la Vallière, qui eut le triste honneur de remplacer la belle Athénaïs de Vivonne auprès du roi ! Il est vrai qu'à son tour l'ambitieuse Athénaïs prit la place de la pauvre La Vallière et devint Mme de Montespan.

Ce que la demoiselle d'honneur de Marie-Thérèse

gagna à chanter, chacun le sait : d'abord ce fut la doublure d'un manteau.... royal, puis un cilice.

Si Mlle de la Vallière fut presque reine de France pour avoir chanté un quatrain devant Louis XIV, Mlle Paulet avait rendu Henri IV fou d'amour en chantant une entrée, dans le troisième ballet de la Reine (1609). La belle était montée sur un dauphin ; mais cette amourette ne porta pas bonheur au Vertgalant ; car, au dire de Tallemant des Réaux, ce fut en se rendant chez sa favorite qu'il fut assassiné.

Il était dit, du reste, que les *ballets de la Reine* serviraient les caprices galants du roi Henri IV, car ce fut à une répétition du deuxième qu'il devint amoureux de Mlle de Montmorency, chargée d'un rôle d'amazone. Elle fut sa favorite pendant près de deux ans. Sa Majesté était alors âgée de cinquante-trois années !

* * *

Si, comme je l'ai dit plus haut, un quatrain sans valeur mena Mlle de la Vallière jusque sur les marches du trône, un placet en vers et chanté valut à son auteur la charge de maître de musique du Dauphin. Le bénéficiaire était Molher, dit de Molière, compositeur de musique de ballets, auteur d'*Alcidiane*, en collaboration avec Boësset, ainsi que nous le dit Loret.

> Benserade en a fait les vers,
> Boësset et Molière les airs.

Un autre chroniqueur, Visé, du *Mercure galant*,

parlant du *Mariage de Bacchus et d'Ariane*, mélodrame héroïque, s'exprime ainsi :

« Les chansons en ont paru fort agréables, et les airs en sont faits par ce fameux M. de Molière, dont le mérite est si connu, et qui a travaillé tant d'années aux airs des ballets du Roi. »

Donc Molher avait obtenu la charge de maître de musique du Dauphin, en la demandant au Roi par un placet en vers qu'il chanta, sur un air de sa composition, en s'accompagnant du luth. C'était bien placer quelques mesures, car la charge était bonne.

*
* *

C'est surtout dans leur tournée à l'étranger que les artistes voient leur traitement s'élever d'une façon extraordinaire, et ce que les pudibonds bourgeois disent de l'élévation croissante des appointements des chanteurs dans leur patrie, les étrangers le répètent à propos de la différence des prix exigés chez eux.

Pourquoi, s'écrient-ils indignés, un artiste français, qui gagne cinq mille francs par mois à Paris, en demande-t-il quinze et vingt mille à New-York ?

Un célèbre acteur anglais, M. Charles Mathews, fut un jour pris à partie, à Melbourne, par un journal de l'endroit qui se plaignait qu'on eût augmenté les prix des places pour les représentations de ce comédien.

Mathews ne s'émut pas le moins du monde, bien que les récriminations du journaliste fussent très dures. Il se contenta de lui adresser la lettre suivante, que je crois devoir reproduire, parce qu'elle est un argument de plus en faveur de ma thèse :

« Monsieur l'éditeur, causons un peu. Pourquoi ai-je risqué 25,000 francs de voyage ? Pourquoi ai-je perdu six mois en route ? La raison en est simple : c'est que j'espère gagner en une année plus d'argent ici que là-bas. Et quelle chance ai-je de gagner cet argent ? Ce n'est certainement pas en jouant moitié meilleur marché qu'à Haymarket, à Drury-Lane et aux autres théâtres de Londres, où j'ai l'habitude de jouer et où les prix sont plus élevés qu'ici.

« Si vous vivez si loin de Londres, il faut vous résigner à subir les conséquences de cet éloignement et vous attendre à payer davantage les articles importés, et si vous engagez les gens à venir à cinq mille lieues de leur domicile, il ne faut pas leur offrir moins qu'ils ne gagnaient chez eux.

« J'achète en Angleterre la boîte d'allumettes un penny ; ici je l'achète trois pence ; une bouteille de cirage français coûte dix sous à Paris et 6 pence à Londres ; à Melbourne elle coûte une demi-couronne. Il en est ainsi de tous les autres articles importés. Or, je suis un article d'importation : pourquoi ne serais-je pas aussi bien traité qu'une boîte d'allumettes et qu'une bouteille de cirage ? »

Que répondre à cette argumentation aussi simple que serrée ? Rien ; c'est ce que fit le rédacteur de *l'Argus*, et cette polémique eut pour résultat d'augmenter la vogue du spirituel acteur.

CHAPITRE V

Perrin obtint des lettres-patentes portant autorisation « d'établir en la ville de Paris et autres du royaume, des *académies* de musique pour chanter en public des pièces de théâtre, comme il se pratique en Italie, en Allemagne et en Angleterre » pendant l'espace de cinq années. Le privilège avait été accordé le 10 novembre 1668. L'abbé, comme on sait, s'associa avec Cambert, Sourdéac et Champeron; ce dernier fournissait l'argent.

Il y avait alors une douzaine de symphonistes à l'orchestre. Ils recevaient chacun *300 livres par an*, prix qui existait encore en 1694.

Il est vrai qu'à ce taux la *Pomone* de Cambert était bien tristement accompagnée. Grâce à cette sage parcimonie *Pomone* donna, en huit mois, cent vingt mille livres de bénéfice aux directeurs. Jolis fruits ! (19 mars 1671.)

Cependant Saint-Evremont avait dit de cette œuvre : « La poésie en est fort méchante, la musique belle, et M. de Sourdéac en avait fait les machines, c'est assez dire pour donner une grande idée de leur beauté. On voyait les machines avec surprise, les danses avec plaisir, on entendait le chant avec agrément, les paroles avec dégoût ! »

Croyez donc à l'influence des critiques !

Notons, en passant, un détail curieux à propos de *Pomone*. Le jour de la première représentation, il y eut une telle affluence de gens désireux d'y assister, qu'il s'établit sur les billets d'entrée une spéculation publique. Ces billets se vendirent jusqu'à 15 livres, ce qui équivaudrait, sans exagération, à 60 francs aujourd'hui. On voit encore que nos pères ne regardaient pas à l'argent quand il s'agissait de leurs plaisirs et que l'amour des premières ne date pas d'hier. Je citerai les principaux interprètes de cette pastorale :

Mlle Cartilly ou de Castilly ; elle remplissait le personnage de Pomone ;

La basse Rossignol jouait le Faune ;

Beaumavielle, baryton ;

Clédière et Tholet, haute-contre ;

Borel du Miracle, ténor.

Circonstance à noter : tous ces artistes étaient chantres de paroisses. Que gagnaient-ils ? douze cents livres, comme les chanteurs des *Peines et des Plaisirs de l'Amour*.

Je crois intéressant de faire connaître en passant ce qu'il fallait payer à l'Opéra en 1671, c'est-à-dire deux ans après l'installation de l'Opéra par Perrin et Lambert.

Le tarif était le même que celui des comédiens du Marais aux représentations extraordinaires, c'est-à-dire un louis d'or, 11 fr. 50 c. au balcon et par place; et 3 livres debout, au parterre. On voit que la différence entre les prix d'il y a deux cents ans et ceux d'aujourd'hui n'est pas énorme. Notez que les pensionnaires de l'hôtel de Bourgogne, c'est-à-dire les comédiens qui offraient au public les chefs-d'œuvre de Corneille et de Rotrou ne prenaient que cent dix sous aux galeries et quinze sous au parterre, ainsi que cela est constaté dans le dizain suivant adressé au public.

> Ne vous a-t-elle pas charmé
> Notre *Amarillis* adorable !
> N'est-il pas vrai que vous l'aimez
> Au moins autant qu'elle est aimable?
> Venez donc, tous les curieux,
> Venez apporter votre trogne
> Dedans notre hôtel de Bourgogne,
> Venez en foule, apportez-nous,
> Dans le parterre quinze sous,
> Cent dix sols dans les galeries.

Cette invite était prononcée par de Villiers le soir de la première représentation d'*Amarillis*, en vers.

L'*Amarillis* dont il s'agit ici est une pastorale en cinq actes, de Rotrou. Jouée en 1633 sous le titre de *Climène*, retouchée par Tristan l'Hermite, et qu'il ne faut pas confondre avec celle de Ryer, ou du Ryer, autre pastorale jouée en 1650 ou 1652 sur le même théâtre.

Disons, en passant, qu'en 1681, une loge à l'Opéra coûtait 46 francs, soit quatre louis, ainsi que nous l'apprend Jean Ribou dans ses *Entretiens galants*.

A propos de prix de places au théâtre, je rappellerai une curieuse prescription contenue dans les *statuts* donnés par Charles IX, à propos des concerts de l'Académie, ordonnance de novembre 1516.

« Quand aucun après avoir ouy un ou deux concerts à l'Académie, aurait regret à son argent qu'il aurait avancé, luy sera rendu et sera son nom effacé du livre. »

Allez donc demander au Conservatoire de musique qu'il vous rende votre argent après deux concerts, sous prétexte que vous n'êtes pas content des virtuoses !

Il est vrai que cette hypothèse est invraisemblable.

* *

En novembre 1672, selon l'*Histoire de l'Opéra*, le 8 avril 1672, selon de Léris, Gilbert et Cambert font représenter les *Peines et les Plaisirs de l'Amour*. D'après la plupart des chroniqueurs, une virtuose fort en vogue, Mlle Brigogne y obtint un tel succès, que le soir même de la première, les directeurs portèrent spontanément les *gages*, — on disait alors des gages, — à 1,200 livres, ce qui les élevait d'un tiers. M. Chouquet, dans son livre sur la musique dramatique, ne parle pas de cet incident, mais voici ce que je copie dans l'*Histoire de l'Opéra* de Durey de Noinville.

« La demoiselle Brigogne joua le rôle de Climène, nymphe de Diane ; et Marie Aubry la doubla ; elle était sur le pied de 1,200 livres de gages que Lully lui donna depuis l'année 1672. »

Il me semble qu'il y a là une équivoque. Grammaticalement « elle » se rapporte à Marie Aubry et non à la demoiselle Brigogne, et je suis d'autant plus porté à m'en tenir à cette version que Marie Aubry était une doublure, que les doublures qui chantaient à l'ordinaire dans les chœurs gagnaient 800 livres ; évidemment, si Mlle Brigogne avait été une virtuose en vogue, elle aurait touché 1,500 livres, sans compter les gratifications. Quoi qu'il en soit, la demoiselle Brigogne ou la petite *Climène* était fort à son aise ; elle avait hôtel et carrosse.

A propos de Mlle Brigogne, je rappellerai qu'elle chantait le rôle d'*Hermione* dans le *Cadmus* de Quinault (1673), mais qu'elle ne venait qu'après Mlle Cartilly. J'ajouterai que la partition eut six éditions, succès inouï alors et que n'ont pas atteint certains chefs-d'œuvre modernes.

**

Le personnel chantant se composait alors de cinq hommes, quatre femmes et quinze choristes.

Cent ans plus tard, le même personnel comprenait onze hommes, seize femmes pour les rôles, cinq actrices en double, chantant dans les chœurs, trente-quatre hommes et vingt-une femmes, chantant les chœurs. Au total, quatre-vingt-sept voix.

Plaçons ici quelques chiffres destinés à indiquer la marche croissante des traitements affectés au personnel de l'Académie royale de musique :

En 1687, l'orchestre de l'Opéra, composé de 33 musiciens, revenait à 12,500 livres.

En 1713, les 47 exécutants qui accompagnaient les chanteurs recevaient 20,150 livres à eux tous.

Les chœurs touchaient 8,000 livres et les artistes 14,000.

En 1733, le personnel, plus nombreux du reste, revenait à 128,851 livres, non compris les pensions, qui s'élevaient à 43,955 livres.

En 1758, on comptait à l'Opéra 56 musiciens, qui se partageaient 40,500 livres.

En 1778, l'armée chantante et résonnante de notre Académie de musique prenait 383,000 livres sur le budget général de l'Opéra, auxquelles il faut ajouter 586,200 livres de dépenses diverses.

Ainsi, en soixante-cinq ans, le budget lyrique avait presque décuplé.

J'aurai peut-être, du reste, à revenir sur cette intéressante question dans un chapitre spécial.

**

Les artistes lyriques et les danseuses étaient au point de vue des égards jadis tout aussi bien, sinon mieux traités qu'aujourd'hui. Ainsi lorsque Campistron et Lulli firent représenter au château d'Anet, en 1686, *Acis et Galathée*, pastorale héroïque que leur avait commandée le duc de Vendôme, pour fêter le Dauphin, non seulement Lulli avait au repas du soir une table particulière servie comme celle du Dauphin et celles des seigneurs, avec un maître d'hôtel particulier, « mais les demoiselles qui chantèrent dans l'opéra et toutes celles qui y dansèrent eurent la leur servie somptueusement. Il y en avait d'autre pour les musiciens, les danseurs, les joueurs d'instruments et les symphonistes. »

Nous trouvons dans les mémoires de la Fare quelques détails curieux sur cette fête. Nous en extrayons le passage suivant :

« Quoiqu'il (le roi) fût effectivement en danger il ne voulut pas qu'on le crût. Ainsi cette maladie n'empêcha pas que, pour divertir Monseigneur à Anet, M. de Vendôme, l'abbé de Chaulieu et moi n'imaginassions de lui donner une fête avec un opéra. Cette fête coûta cent mille livres à M. de Vendôme, qui n'en avait pas plus qu'il ne lui en fallait, et comme M. le grand Prieur, l'abbé de Chaulieu et moi, avions chacun notre maîtresse à l'Opéra, le public malin dit que nous avions fait dépenser cent mille livres à M. de Vendôme pour nous divertir nous et nos demoiselles, mais certainement que nous avions de plus grandes vues que cela. »

M. de Vendôme envoya cent louis à Campistron pour ses honoraires de poète. Mais sur les conseils de la Champmeslé et de Raisin, Campistron refusa cette somme, non par désintéressement, mais parce qu'il la trouvait insuffisante. M. de Vendôme s'y trompa et prit notre parolier pour son secrétaire des commandements.

.

Bien que les documents officiels sur le traitement des artistes de l'Opéra, manquent jusqu'à 1750, on peut cependant établir ce traitement d'une façon précise en se reportant aux lettres patentes qui règlent les pensions. Celles qui transmettent, en 1698, et pour dix années, le privilège de l'Opéra à Francine et à Gourreault du Mont, écuyer, commandant de l'écurie de Monseigneur le Dauphin, signalent que ces directeurs auront à payer, à titre de pensions, savoir : à Marthe Le Rochois, 1,000 livres ; à Marie Aubry, 800 livres ; à Marie Verdier, à Geneviève Lestang, 500 livres et à Claude Caillot 400 livres.

Or, aux termes des règlements du 19 novembre 1714, article 42, les pensions étaient fixées d'après les règles suivantes :

Après 15 ans de service, 1,000 livres pour les gages de 1,500 livres ; et à la moitié du traitement pour les gages de 1,200 livres et au-dessous.

Marie Verdier, Geneviève Lestang gagnaient donc 1,000 livres par an et Caillot 800 livres. Quant à Marthe Le Rochois elle avait par conséquent un traitement de 1,500 livres, sans compter les encouragements que lui prodiguait le duc de Sully, son protecteur en titre. Toutefois, Monseigneur se montra peu généreux quand l'illustre cantatrice se retira du théâtre en 1698, car il ne lui servit que 500 livres de pension, ce qui représenterait cependant environ 1,500 francs de rentes aujourd'hui.

Par de nouvelles lettres patentes du 7 octobre 1764, les pensions à payer par les créanciers et syndics de Gueyenet, à qui Francine et du Mont avaient rétrocédé leur privilège, étaient les suivantes :

A Marthe Le Rochois .	1,000 livres
A Louis Lestang. . .	800 »
A Thérèse Subligny (1).	800 »
A Louise Moreau. . .	400 »
A Louis Serré. . . .	300 »
A Frère	400 »
A Prunier	200 »
A Verdier	300 »
Et à Lieutard. . . .	200 »

Ces pensions étaient payées par quartier, de trois mois en trois mois.

L'article XLIV me paraît digne d'être cité.

« Lorsque quelque accident inopiné, ou ordre supérieur de la cour obligera de fermer le théâtre dans les temps destinés aux représentations, les acteurs, actrices et autres ne pourront prétendre *que* la moitié de leurs gages qui auront *courus (sic)* pendant le temps de l'interruption. »

Ces stipulations existent encore dans certains engagements et d'autres plus dures encore.

____

1. Thérèse Subligny était une danseuse.

Revenons à nos artistes :

Il n'était pas rare de voir les pensions augmentées. Ainsi en 1713, Mlle de Lestang recevait 800 livres au lieu de 500, comme il avait été fait pour Marie Aubry.

Les bonnes amies, qui, pendant la prospérité ducale de la protégée de Sully, l'avaient singulièrement jalousée, affectèrent de trouver le duc peu généreux; et sa rivale, en bien des cas, l'envieuse Marie Verdier, en apprenant ce chiffre de cinq cents livres de pension auquel nous avons fait allusion, s'écria : Cinq cents livres ! elle a pourtant travaillé pour lui plus que pour l'Opéra.

Ce qui était une méchanceté gratuite, car Marthe Le Rochois jouait fort souvent, avec un succès aussi grand que mérité.

Elle passait, après sa retraite, une partie de l'année dans une petite maison de campagne, sa propriété, à Certrouville-sur-Seine, et mourait en 1728, dans un petit appartement de la rue Saint-Honoré, attenant au Palais-Royal.

Cette petite maison de Certrouville avait été payée dix mille livres. Nous reconnaissons qu'elle n'était pas sans doute à comparer au petit hôtel loué en 1869, par Mlle Blanche d'Antigny, avenue Friedland, moyennant quinze mille francs par an; mais dix mille livres en 1698, représenteraient aujourd'hui au bas mot trente-cinq mille francs; et si, comme l'ont prétendu les chroniqueurs de notre époque, il fut dépensé pour cinquante mille francs de dentelles, soie, velours et meubles rien que pour la chambre à coucher de Mlle Blanche d'Antigny, nous pouvons dire à ceux qui accusent nos financiers de folie, que les premières libéralités du duc de Sully dépassèrent de beaucoup cette bagatelle.

Il est un point sur lequel cependant l'avantage reste à Mlle d'Antigny : c'est qu'aucun directeur ne paya trente mille francs de dédit pour s'adjuger Marthe Le Rochois, comme il en fut question entre MM. Moreau-Saintis, Dormeuil, Choller et Hervé, à propos du *Petit Faust*, dont Mlle d'Antigny devait créer le principal rôle, ainsi que l'établit le passage suivant d'une chronique de Gustave Lafargue :

« *M. Moreau-Saintis.* — Vous m'avez imposé madame d'Antigny, servez-la moi.

« *M. Hervé.* — Vous avez signé que Blanche et sa chevelure idéaliseraient Marguerite, il me la faut.

« *MM. Dormeuil et Choller.* — Messieurs, messieurs, du calme, corbleu, nous allons vous mettre d'accord.

« Payez tous les deux le dédit de madame d'Antigny, une bagatelle, trente mille francs.

« Si la Russie n'intervient pas dans la question, je ne prévois pas le dénouement.

« Quant à M. Choller, ce serait un joli début directorial que de toucher un dédit de trente mille francs et repasser madame d'Antigny à un confrère. »

Cette petite méchanceté ne fut pas du goût de Blanche, mais elle eut le bon esprit de ne pas la relever.

Ceci dit, rétrogradons de deux siècles.

*
* *

Marthe le Rochois, grande tragédienne lyrique, ne fut pas d'une fidélité à toute épreuve pour le duc de Sully, témoin l'anecdote suivante que racontent Clément et l'abbé Delaporte et que je crois bon de reproduire bien qu'elle soit connue.

« Sans rien diminuer des vertus ni des grandes qualités de Mlle Le Rochois, on peut ajouter que dans son jeune temps et pendant qu'elle était à l'Opéra elle n'a pas laissé que d'avoir des aventures galantes.

» Sans être jolie (car elle n'avait rien de passable que deux yeux noirs très vifs et très brillants), elle fit la conquête du duc de Sully qu'elle conserva très longtemps. Mais la passion qui lui a tenu le plus au cœur est celle qu'elle eut pour le nommé Le Bas, basson de l'Opéra dont elle devint amoureuse du vivant de Lully.

» Celui-ci la voyant enceinte, et ne pouvant souffrir les filles de l'Opéra en cet état, non par scrupule, mais parce que leur grossesse les empêchait de remplir leurs devoirs, demanda avec colère à mademoiselle Le Rochois qui lui avait fait cet enfant. Pour s'excuser elle avoua sa faiblesse pour Le Bas, qu'elle nomma ; elle ajouta que ce garçon était honnête homme et qu'il lui avait même fait une promesse de mariage.

» Lully voulut voir cette promesse : et mademoiselle Le Rochois tira aussitôt de sa poche un valet de pique sur lequel elle était écrite. A cette vue Lully ne put retenir son indignation : il donna brutalement un coup de pied dans le ventre à mademoiselle Le Rochois, ce qui lui fit faire une fausse couche.

» Cet accident n'éteignit pas son amour pour Le Bas; mais elle prit mieux ses précautions. »

Cette aventure et bien d'autres expliquent la médiocrité du chiffre de la pension que fit le duc de Sully à son infidèle.

En 1696, un acteur tomba malade le jour de la représentation d'*Ariane et Bacchus*, tragédie-opéra et de Saint-Jean et Marais pour la musique. Tout naturellement une doublure dut chanter le rôle. Le malheureux fut sifflé à outrance, mais notre homme sans se déconcerter, regarda fixement le parterre et lui dit : « Je ne vous conçois pas ! devez-vous vous imaginer que pour *six cents* livres qu'on me paie par année, j'irais vous donner une voix de mille écus. »

Les *Anecdotes dramatiques*, auxquelles j'emprunte cette répartie, dont s'empare Castil-Blaze, sans citer ses auteurs, ne nous disent pas comment le parterre prit la boutade, mais elles nous révèlent ainsi que les doublures recevaient six cents livres.

**

Il est difficile de ne pas parler de Dumesnil, Duméni selon quelques-uns, immédiatement après Marthe Le Rochois, en raison de la haine qu'ils avaient l'un pour l'autre.

Dumesnil avait été cuisinier de M. Foucaud; il était réellement né artiste, mais il était aussi grand buveur, tranchons le mot, aussi grand ivrogne que chanteur agréable; chaque soir de représentation il absorbait six bouteilles de champagne. Freneuse était indigné : « Il est, dit-il, indigne qu'un maraud ose paraître sur la scène ne pouvant se soutenir... » Il fut du reste puni par où il avait péché car il mourut d'ivrognerie. On raconte que le jour de son début dans *Isis* (rôle de Phaéton, 5 janvier 1677), quelqu'un s'écria, enthousiasmé et navré à la fois : « Ah! Phaéton! Phaéton!!! est-il possible que vous ayez fait du bouillon ! »

Disons en passant que l'on avait appelé *Phaéton* l'opéra du peuple, *Armide* l'opéra des dames, *Athys* l'opéra du roi et *Isis* l'opéra des musiciens.

Dumesnil jouissait d'une belle fortune grâce aux libéralités de ses nombreux amphitryons, car il était fort recherché des grands viveurs. Ses richesses avaient, il est vrai, une autre source beaucoup moins honorable. Notre homme était fou des beaux bijoux ; mais comme il était fort avare, il avait trouvé un moyen très économique de s'en procurer. Il volait sans vergogne les femmes artistes, pillant leurs loges, leur prenant de force sur elles les pierreries qu'elles pouvaient porter. Comme ce drôle était tout-puissant à l'Opéra, ses victimes n'osaient se plaindre.

Marthe Le Rochois le détestait et le méprisait avec raison ; il le lui rendait à usure, ils se disputaient sans cesse, même en scène. Dumesnil avait, comme nos artistes modernes, la manie des congés à l'étranger ; notre haute-contre affectionnait particulièrement l'Angleterre. Il traitait à raison de mille pistoles tous frais faits, c'est-à-dire dix mille livres.

Dumesnil mourut presque riche.

J'ajouterai qu'il n'était rien moins que modeste. Combien gagnait-il à l'Opéra ? Car c'est toujours cette question qui nous occupe. Très probablement le maximum, c'est-à-dire 3,000 livres, sans compter les gratifications, qui triplaient ce traitement.

* *

A propos du manque de renseignements sur le premier personnel de l'Opéra, ce qui met les chroniqueurs dans l'embarras, nous devons féliciter nos arrière-petits-fils ; car si jamais les archives de l'Opéra actuel disparaissent, comme celles de 1600, ils auront du moins les collections de journaux où ils trouveront des notes authentiques.

C'est ainsi que s'ils veulent savoir ce que gagnait en 1879 M. Maurel, un des brillants successeurs de Dumesnil, ils n'auront qu'à feuilleter *le Gaulois*, et au numéro du 13 novembre ils trouveront pour les édifier la lettre suivante, adressée par l'éminent chanteur à un agent dramatique cette même année.

« Londres, 16 juin 1879.

» Mon cher Fassi, .

» Je viens de signer à l'instant avec Vaucorbeil, trois années, — neuf mois par an, — trois mois de

congé, — mille francs par représentation, — dix représentations par mois la première année, — onze la
seconde, — douze la troisième.

» *Amen!* »

Mille francs par représentation, juste ce qu'on
offrait à Jéliotte dont j'aurai à parler ultérieurement.
Il est vrai que l'année suivante M. Maurel modifiait
son engagement et élevait le prix de ses soirées.

De nos jours, les autocrates de la musique ne pillent
plus les joyaux des actrices qui ont besoin d'eux,
comme le faisait Dumesnil ; mais on dit, — l'on est si
méchant dans le monde des coulisses,—qu'ils abusent
d'une autre façon de leur pouvoir et que l'art du
chant est pour certains d'entre eux un chantage.

C'est, parait-il, une branche assez lucrative de
l'enseignement.

CHAPITRE VI

Sans doute, toutes les cantatrices du règne de Louis XIV, surtout celles qui bornaient leur gain à ce que leur rapportait leur talent, ne devinrent pas millionnaires, mais plus d'une, parmi celles-ci n'eurent pas à se plaindre de la destinée. Ainsi le roi choisit pour la donner en mariage à Michel de Lalande, Anne Rebel, demoiselle de sa musique, fille de Jean Ferry Rebel, ordinaire de la musique. Louis XIV fit les frais de la noce (1684), dota la jeune fiancée, qui était fort jolie et qui était restée sage bien qu'elle eût créé, avec Mlles Ferdinand l'aînée, Pluvigny et Paisible, une des nymphes dans *les Peines et les Plaisirs de l'Amour*. Ces trois belles cantatrices avaient carrosse et diamants, quoiqu'elles ne gagnassent que de 12 à 1,500 livres. Anne Rebel avait donc un grand mérite.

A propos de cette artiste Fétis prétend qu'elle n'était pas, comme l'a dit Durey de Noinville, la fille de Ferry Rebel, mais sa sœur aînée. Il est fort difficile de démontrer lequel des deux se trompe. D'abord la supputation des dates ne peut se faire avec précision puisque l'on ignore la date de naissance de Rebel. D'autre part aucun biographe ne donne de sœur à Ferry Rebel, et Fétis ne nous dit pas où il a puisé ce renseignement. Il est vrai que les biographes, en dehors de Durey de Noinville, ne parlent que du fils de Jean Ferry, né en 1701 et qui fut admis en 1714 comme violon à l'Opéra, avec un traitement de 100 livres ; toutefois il y a quelques raisons qui militent en faveur de l'opinion de Fétis, celle-ci surtout : c'est que ce fut en 1684 qu'Anne Rebel épousa Lalande. Elle ne pouvait avoir moins de 20 ans car elle était une des meilleures cantatrices de la Chambre. Rebel, né dans la seconde moitié du xviie siècle, est entré à l'Opéra en 1699; chef d'orchestre, en 1707 et ayant alors un fils de six ans; pour qu'il eût une fille de 20 ans, en 1684, il faudrait qu'il se fût marié en 1663 : Or, cette date à quelques années près serait celle de sa naissance !

Mais, toujours d'après les mêmes hypothèses, cette Anne Rebel, pour être la sœur aînée de Ferry, devrait être née vers 1655... Au demeurant la chose importe peu ici ; je laisse donc aux biographes et au hasard le soin d'éclaircir ce point généalogique. Qui sait, Anne

Rebel n'était peut-être ni la sœur ni la fille de Jean Ferry.

Revenons à Michel de Lalande et à sa fortune. En 1704, Lalande, sur le désir de S. M., fit entendre ses deux filles, alors âgées, l'une de 20 ans, l'autre de 19, et les deux cantatrices furent immédiatement pensionnées à mille livres pour chacune d'elles. Le roi fut tellement enchanté du timbre de leur voix qu'il voulut qu'elles chantassent souvent à sa messe. Ces deux virtuoses furent enlevées en douze jours par la petite vérole (1711) au moment où le roi songeait à les marier, ce qui était peut-être un peu tard.

Si l'on veut bien se souvenir que Lalande, titulaire des deux charges de maître de musique de la Chambre, des deux charges de compositeur, de celle de surintendant de la musique, des quatre charges de maître de la Chapelle, touchait en outre une demi-douzaine de pensions, on reconnaîtra que si Michel de Lalande composait de jolis motets, il possédait l'art d'en tirer bon parti. Le traitement du maître de la Chapelle de musique sous Louis XIV était de 300 livres ; mais à la mort de l'abbé Robert, Lalande partagea le traitement avec Colasse.

Michel de Lalande était titulaire du collier de Saint-Michel comme le fut Rebel.

La seconde femme de Lalande, qu'il épousa en 1723 — à l'âge de 62 ans, la première était morte en 1722, — Mlle de Cury, fille du chirurgien de la princesse douairière de Conty, était également excellente musicienne et particulièrement experte dans l'art de jouer de la viole; elle fut aussi comblée des bienfaits de Sa Majesté Louis XIV.

.*.

Thévenard, que l'auteur de *l'Histoire de l'Opéra* fait naître à Paris et qui est d'Orléans ; Thévenard, Gabriel Vincent, que Castil-Blaze nous montre à l'Opéra dès 1675, bien qu'il n'eût alors que six ou huit ans, puisqu'il était né en 1669, ne gagnait que trois mille livres, plus mille livres de gratification, lorsqu'il se retira en 1790, après avoir succédé à Beaumavielle, en 1742; après quarante ans de service, avec quinze cents livres de pension. Mais sa merveilleuse voix de basse, ses allures cavalières lui valurent maintes et maintes bonnes fortunes des plus lucratives, non pas, hâtons-nous de le dire, qu'il vécut de ses amours, mais parce que celles qui le distinguaient s'appliquaient à le combler de présents et à lui procurer des avantages sérieux de la part des grands seigneurs.

C'était un buveur intrépide, un viveur de premier ordre, très recherché du beau monde. Les gentilshommes de la Cour le comblaient de cadeaux pour l'avoir à leur table joyeuse et l'y faire chanter.

La vie amoureuse de Thévenard est tout un poëme, une véritable odyssée. Ce n'est pas, je le reconnais, le lieu de la raconter longuement. Cependant, je rappellerai qu'après avoir été le favori des plus grandes dames et à l'âge de soixante ans, il tomba amoureux d'une femme qu'il n'avait jamais vue, dont il ne connaissait ni le nom, ni l'âge, ni les traits, même par ouï dire! Cet amour indomptable lui vint au cœur en regardant une pantoufle, une seule. Il jura de découvrir le pied qui chaussait cette merveille; il y parvint, demanda la main de la jeune fille — elle avait dix-sept ans — et l'obtint, grâce à l'oncle de la jeune fille, grand buveur comme notre amoureux sexagénaire, et que celui-ci endoctrina le verre à la main.

Voilà, dira-t-on, l'origine du conte de Cendrillon. Je crois qu'on se trompe. Avant Thévenard, Psamméticus, roi de Memphis, avait épousé Rodope, courtisane à Naucratis, ancienne esclave, dont il était devenu amoureux en voyant une de ses chaussures. Encore une fois donc, rien de nouveau sous le soleil. Le fils du pâtissier d'Orléans n'avait fait qu'imiter le souverain de l'Égypte.

A propos de *Cendrillon*, sait-on combien de pièces, opéras-comiques, féeries, pantomimes, etc., sont sorties de sa merveilleuse pantoufle? Vingt-deux, dont la première est un opéra-comique en un acte, d'Anseaume, musique de Laruette, représenté le 20 février 1759, sur le théâtre de la foire Saint-Germain, et la dernière la *Cenerentola*, opéra buffa en quatre actes d'un certain Rossini. Je ne parle pas de celle qui fut exécutée à Rome en 1817, mais de celle qui fut représentée au théâtre de Rouen en 1836. Le sieur Della Porta avait pris la peine d'arranger la partition de Rossini!

****

En parlant de Dumesnil j'aurais dû consacrer

quelques lignes à Boutelou, haute-contre célèbre autant par sa vie désordonnée, que par le charme irrésistible de sa voix. Comme Dumesnil, il n'allait pas en Angleterre à moins de dix mille livres pour y chanter une douzaine de fois. C'était un extravagant, un excentrique, comme on dirait aujourd'hui.

Sa conduite scandaleuse le conduisait souvent au For l'Évêque, mais il y trouvait toujours une table de six à douze couverts, par ordre du roi, qui payait le plus souvent ses dettes, tant l'artiste avait le talent d'émouvoir la sensibilité de ce prince, qui avouait que la voix de Boutelou lui arrachait des larmes!

Trouverait-on de nos jours beaucoup de souverains comme Louis XIV.

Mais lés Boutelou, les Laforêt, etc., ne gagnaient que douze cents livres à l'Opéra, sans compter les gratifications ordinaires et extraordinaires; ils en recevaient trois fois autant pour chanter à la cour et touchaient huit à dix fois cette somme en Angleterre. Les grands seigneurs ajoutaient toujours au traitement des célébrités lyriques, soit qu'ils les employassent comme professeurs, soit qu'ils les eussent à leurs gages à titre de protégés.

C'est ainsi qu'en 1679 Désert, et non Des Airs, frère aîné de Galant du Désert, et académicien de la danse, touchait cinq cents livres par an comme maître à danser et maître de musique de Mlle de Valois.

*
* *

Je disais tout à l'heure que Dumesnil, Thévenard

n'allaient pas à Londres à moins de dix mille livres en 1675, avec représentation à bénéfice, et le tout pour un mois, ce qui représenterait maintenant une cinquantaine de mille francs. Voyons ce que quelques-uns de nos artistes en vogue demandent et reçoivent à l'étranger.

En 1867, Berthelier va passer au Caire le congé que lui donne le Théâtre des Bouffes, soit un mois, et est payé 20,000 francs.

Berthelier n'est pas un virtuose *del primo cartello*, toutefois il est, dans son emploi, une célébrité et il n'est guère de beau concert sans ses chansonnettes. Mais on ne refusera pas à Mme Gueymard le titre de grande cantatrice. Or, en 1868, la célèbre artiste traita pour deux mois, à raison de 20,000 francs par mois, pour aller chanter trois fois par semaine à Madrid.

Qu'offrait-on vers le même temps à Mlle Krauss pour aller se faire entendre au Caire pendant cinq mois? 122,000 francs. Mmes Gueymard et Krauss étaient donc moins payées que Dumesnil et Thévenard.

Revenons au xviie siècle et continuons nos recherches sur les célébrités de cette époque.

CHAPITRE VII

Trois noms de cantatrices plus ou moins millionnaires, mais millionnaires, viennent ensemble sous ma plume : Desmatins, Fanchon Moreau, Pélissier.

M. Chouquet, dans son *Histoire de la musique dramatique*, page 320, en donnant la distribution de *Persée*, tragédie de Quinault et Lulli, jouée le 17 avril 1682, dit ceci :

« La petite Desmatins, nièce de Beauchamps, alors âgée de 12 ans, chanta et dansa avec succès dans cet opéra, » où, par parenthèse, le danseur Pécourt se fit vivement applaudir.

Cette enfant est-elle la virtuose étrange qui fut laveuse de vaisselle ? La chose me paraît difficile à admettre, puisque la chronique nous présente celleci comme étant encore à l'auberge du Plat d'Étain, carré Saint-Martin, en 1676; d'où il suivrait qu'elle avait alors 6 ans. De plus, comme en 1684 la Desmatins jouait un rôle important dans *l'Amadis de Gaule*, de Lulli, on arriverait à conclure qu'à 13 ans cette cantatrice, qui avait d'abord été danseuse, ceci est à noter dans la supputation des dates, aurait été déjà une artiste de grand talent. Il est vrai que Sophie Arnould n'avait que 13 ans quand elle débuta en 1757; mais cela ne prouve rien dans l'espèce. Il faut du reste renoncer à bien arrêter l'âge et l'époque des débuts de bien des artistes célèbres, tant on rencontre de contradictions dans les détails biographiques qui leur sont consacrés et je n'essaierai pas de débrouiller les obscurités qui entourent la vie de la Desmatins. Je passe, sans plus m'attarder, à l'histoire fabuleuse de la servante du Plat-d'Étain.

Elle était merveilleusement belle, très intelligente et très artistiquement douée. Ses succès comme danseuse ne lui suffisant pas, elle fut admise dans les chœurs, puis comme actrice des rôles, à raison de 600 livres par an; mais bientôt elle monta au premier rang et toucha 1,500 livres, puis 2,000, sans compter le pain et le vin, soit 100 livres.

Elle fit de si brillantes affaires, ou si on l'aime mieux, de si grands progrès, qu'elle arriva à ne plus employer à son service personnel, vaisselle, ustensiles de toilette de toutes sortes et les plus intimes, que des objets en argent massif, absolument comme Poppée. Je sais bien que de nos jours on a vu à la vitrine d'Aiguisier un instrument de sa fabrique, également en argent, avec cette mention indiscrète : « Appartient à Mlle X ; » l'x était remplacé par le nom d'une chanteuse d'opérettes, mais, pour cette célébrité cascadeuse, ce n'était là qu'un détail, tandis que chez la Desmatins il s'agissait de l'ensemble du mobilier du cabinet de toilette.

La future remplaçante de Marthe Le Rochois avait la passion des riches habits au point qu'il lui arrivait, disait-on, de ne pas quitter ses costumes nouveaux de plusieurs jours ! elle se faisait étendre toute parée sur son lit pour prendre du repos !

Ses domestiques, qu'elle payait royalement, étaient somptueusement vêtus, et elle avait parfois la fantaisie de se faire servir à genoux.

Mais la richesse ne donne pas l'orthographe. C'est à cette virtuose qu'est dû le fameux billet si connu et attribué à tant d'autres :

« Mon chair aman

« Notre enfan aï maure, vien de boneure, le mien aï de te voire. »

Cuique suum, c'est la devise du chroniqueur.

La Desmatins était gastronome au premier chef. A force de manger des mets succulents, elle était devenue énorme. Ayant ouï dire qu'un boucher, attaqué comme elle d'éléphantiasis, s'était fait enlever quinze livres de graisse avec succès, elle voulut user héroïquement du même procédé et se fit tirer non pas quinze livres mais neuf de saindoux de son abdomen volumineux.

Il paraît que l'opération réussit parfaitement. Pour fêter sa convalescence, elle donna, dit-on, un dîner à ses intimes. On y servit des épinards accommodés, disait le menu, à la graisse d'ortolans. Cette graisse était la sienne. Ils furent trouvés exquis. Il est vrai qu'on ignorait cette circonstance.

Six semaines après, elle mourut d'indigestion, en 1705, selon Castil-Blaze, dans le rayonnement de sa gloire, de sa beauté, de son talent et de sa fortune.

Cependant, d'après M. Chouquet, elle chantait encore en juin 1710 les *Fêtes vénitiennes* de Campra, avec Thévenard, Mlles Journet, Dieu, etc. Si vous consultez Fétis, vous n'y trouverez pas même le nom de cette artiste.

*
* *

J'ai parlé du *pain et du vin* comme faisant partie du traitement des artistes ; la signification de ces expressions n'est pas ignorée des artistes lyriques quelque peu érudits ; toutefois, comme mes notes ne s'adressent pas exclusivement aux chanteurs, mais encore et surtout aux ignorants des choses du théâtre, je crois devoir fournir, sur la question, quelques lignes d'explication.

Sous Louis XIV, les chanteurs et les symphonistes de la musique du roi, en sus de leurs appointements, recevaient du pain, du vin et des mets aux six principales fêtes de l'année. Ces repas se prenaient au palais. Mais le jour de la Saint-Louis et de la Saint-

Martin, comme les fêtes pouvaient tomber un vendredi, la viande était supprimée et remplacée par une rétribution en argent. En 1700, le pain et le vin furent définitivement convertis en une somme équivalente, qui finit par être proportionnée au talent de ceux qui la recevaient, et devint une véritable gratification.

Vers la fin du xviiie siècle ce supplément de traitement, qui atteignit jusqu'à 60 francs par jour, fut appliqué aux bougies que les premiers sujets voulurent avoir dans leurs loges, au lieu des chandelles que fournissait la direction.

L'expression *pain et vin* fut remplacée par celle de *feux* qui existe encore aujourd'hui.

Fanchon Moreau, qui débuta à 15 ans dans le Prologue de *Phaéton*, 27 avril 1683, était une blonde adorable envers qui la nature s'était montrée prodigue. Comme femme elle possédait toutes les perfections et ne tenait pas à les cacher. Elle et sa sœur, la grosse Louison, ne touchaient pas plus de 3,000 livres par an, tout juste ce que les charmantes sœurs Devriès touchaient par mois au Théâtre Lyrique.

Mais gardons-nous d'établir une comparaison entre ces deux honorables cantatrices et les deux Moreau ! Fanchon Moreau eut aventures sur aventures; elle eut hôtel et livrées; mais voilà qu'en 1697 selon les uns, et en 1702 selon les autres,—j'opine pour 1701, puisque, en 1701, elle jouait Scylla, fille de Nisus dans *Scylla*, tragédie lyrique de Duché et Théobald — elle avait alors 29 ans et était dans tout l'éclat de sa beauté, elle fut prise de l'amour de la retraite, et annonça sa ferme résolution d'entrer au couvent!

Le roi, informé de ce projet édifiant et fort touché de cette conversion inattendue, lui envoya quinze cents livres pour payer sa dot, afin que l'argent qu'elle avait économisé autrefois ne vînt pas souiller sa résolution. Bon Louis XIV!

Cette somme devait être convertie en une pension, égale au double maximum de son traitement, le jour où elle prendrait le voile, ce qui devait avoir lieu vers la fin de 1698 ou 1702.

La voilà donc partie... Mais cette conversion n'était qu'un caprice ou qu'un moyen d'attirer sur elle l'attention, car elle ne tarda pas à reparaître à l'Opéra. En 1708, elle avait alors 40 ans, elle épousa, à deniers comptants, le marquis de Villiers, dont bien entendu elle paya les dettes, évaluées à plus de cent mille livres, selon l'habitude des prima donna devenues grandes dames. J'ajouterai, comme circonstances atténuantes à l'adresse de la belle et ambitieuse Fanchon, que le marquis de Villiers était chevalier des ordres du Roi et de sa maison.

Fanchon Moreau était millionnaire.

Après tout tant de grandes dames payaient les dettes des comédiens qu'une chanteuse pouvait bien par compensation payer celles d'un gentilhomme.

Je ne crois pas que la chronique dramatico-mondaine de notre temps ait un véritable *pendant à cette union singulière.*

*

Pélissier est peut-être de toutes nos cantatrices celle qui ait dévoré le plus d'or. Elle réunissait toutes les qualités qui font les grandes actrices, mais aussi tous les vices qui font les courtisanes. Elle était si avide que ses camarades l'avaient baptisée *Pilleresse*, anagramme de son nom.

Elle avait débuté fort jeune dans la vie galante, et les chroniqueurs de l'époque racontent qu'à peine âgée de 14 ans, ravissante de formes, mignonne, elle fut servie sur un immense plat d'argent, vêtue de persil, en guise de relevé, à un diner de gentilshommes; — soyons juste, elle avait aussi, comme vêtement, un collier de corail.

Les libéralités inouïes dont la comblait le Juif Dulis Lopès, opulent Portugais, pourront s'apprécier lorsqu'on saura qu'un jour il tapissa son boudoir de billets de la caisse. Cette tenture valait un million.

Les diamants de Mlle Lecouvreur sont mis en vente, et la Pélissier les achète comptant, ci : quarante mille écus, environ trois cent mille francs de notre monnaie.

A ces diamants, elle ajoute les siens et ceux de son protecteur, qu'elle lui emprunte, ci : vingt mille écus, et se donne la fantaisie d'exhiber ces richesses dans une série de représentations du *Carnaval et la Folie,* opéra-ballet de Lamothe et Destouche.

Ce qu'il y avait de bizarre dans cette exhibition c'est que l'actrice jouait la Folie avec les habits de Jocaste, de Zénobie, de Chimène, de Roxane, etc., sans que le public s'en montrât scandalisé.

Un jour Dulis eut le mauvais goût de réclamer ses diamants. Sa maîtresse lui rit au nez. Notre homme, dont l'amour était éteint, conçut l'odieux projet de faire administrer une volée de coups de bâton à Francœur et de faire jeter du vitriol sur le beau visage de celle qu'il avait adorée. — On voit que l'emploi de cet acide, par les amoureux blessés, ne date pas d'hier.

Dulis était alors à La Haye.

L'émissaire chargé de cette double exécution fut arrêté et roué vif en Grève le 9 mai 1731. Il s'appelait Aline de Joinville.

Le Portugais avait été condamné à la même peine, mais comme il était en Hollande, il en fut quitte pour savoir que son effigie avait été brisée en place de Grève. On conviendra que rouer un homme pour avoir accepté la mission d'accomplir un crime, mais sans même avoir tenté de l'exécuter, c'était pousser loin la sévérité.

Mlle Pélissier adorait le théâtre de la foire ; elle y passait la plus grande partie de ses journées, faisait une pension royale au directeur des marionnettes, payait à beaux deniers comptants ou en cadeaux magnifiques les acteurs qu'elle distinguait, — tout aussi bien Le Kain que Gilles, Bellecourt que Cassandre, — et qu'elle honorait de ses faveurs intimes.

En 1747, le directeur du théâtre de Rouen l'épouse avec l'intention de l'exploiter autre part qu'au théâtre. Pélissier devenue sage avec l'âge, elle avait 41 ans, se refuse à cette ignominie. Son mari ne pouvant vaincre sa résistance, se met à la rouer de coups, si bien qu'elle meurt au bout de deux ans, ruinée, après avoir dévoré des millions, et martyre de sa sagesse, après avoir été courtisane sans pudeur.

Le théâtre moderne, nous sommes heureux de le constater, n'a pas de Pélissier.

Les appointements officiels de Mlle Pélissier avaient suivi une progression extraordinaire : ils avaient atteint le chiffre énorme de 4,000 livres plus 100 livres de pain et vin, plus les gratifications ordinaires et extraordinaires, ce qui lui faisait un total d'une quinzaine de mille livres.

L'incident des diamants de Dulis valut à la cantatrice courtisane le couplet suivant :

> Pélissier, Marseille a des chaînes
> Bien moins funestes que les tiennes ;
> Sous tes fers on est accablé,
> Sans que jamais rien tranquillise ;
> Quand on les porte on est volé,
> On est roué quand on les brise.

Par le mot chaînes il est fait allusion aux galères qui existaient à Marseille.

Cette aventure, avant d'avoir reçu son dénouement tragique, avait fourni un sujet de comédie : le *Triomphe de l'intérêt*, comédie en un acte, en vers libres, avec un divertissement et des vaudevilles. Bussy en écrivit les paroles et Mouret la musique. Elle eut un prodigieux succès. Le lieutenant de police fit cependant supprimer une scène où le Juif Dulis paraissait à découvert. Les comédiens du Théâtre Italien protestèrent, mais ils durent se soumettre.

Le 20 juillet 1772, le directeur de l'Opéra manquant de haute-contre eut une idée. On lui avait parlé d'un chanteur qui faisait les délices des fidèles de La Rochelle. Sans perdre un jour il le fait enlever au moyen d'une lettre de cachet ; il fut traité fastueusement ; fut reçu à quinze cents livres sans compter les gratifications et les feux, mais au bout de deux ou trois épreuves on dut le renvoyer à son lutrin. Bachaumont en parle en ces termes : « On le dit grand, bien bâti, d'une figure assez noble, mais gauche et ayant besoin d'être débourré avant de se produire sur la scène. »

CHAPITRE VIII

Je me trouvais un certain après-midi devant la porte d'un théâtre lyrique, un jour de paie pour les petits employés, et j'entendis les choristes se plaindre amèrement de leur situation.

— Soixante francs par mois, disait une jeune femme, c'est honteux ! sortez donc du Conservatoire pour arriver à ce beau résultat !

Voilà ma réponse : En 1716 toutes les cantatrices de Louis Riccoboni, c'est-à-dire Hélène Baletti, qui joua pendant trente-six ans les amoureuses ; Sylvia, qui tint pendant quarante-deux ans l'emploi des secondes amoureuses et Violette, une adorable soubrette, gagnaient vingt sous par jour ! Il est vrai que l'on partageait les bénéfices et que cette répartition n'était pas à dédaigner, puisque d'un vieux compte il résulte que la recette du premier jour de la saison théâtrale, 18 mai 1716, s'éleva à 4,068 livres.

J'enrage quand j'entends certaines gens, dont les collets sont montés par-dessus les oreilles, jeter des cris de paon effarouché lorsqu'elles apprennent que telle ou telle cantatrice vient d'épouser un homme du grand monde.

Cela ne se voit que de nos jours! disent ces pudibonds.

Vraiment?

Est-ce que Mlle Chevalier n'est pas devenue la femme légitime de M. du Hamel, intendant du duc de Richelieu?

Est-ce que Mlle Petit-Pas, la belle amoureuse de Jéliotte, n'aurait pas épousé M. de Bonnier de la Mosson, trésorier général des États du Languedoc, si elle n'était pas morte, chez lui, dans son hôtel, à l'âge de 33 ans, dans l'épanouissement de sa beauté et de son talent?

Est-ce que Mlle Marie de Fel n'aurait pas épousé, si elle l'eût voulu, le baron de Cahusac — ou bien d'autres, à son choix — et que ses rigueurs rendirent réellement fou, car elle le refusa bien qu'il eût 8,000 livres de rentes, qu'il eût composé sept livrets d'opéra et qu'il fût secrétaire du comte de Clermont, prince de sang!

Je viens de citer quelques-uns des mariages qu'auraient pu faire des artistes de l'Opéra si elles l'avaient voulu. En voici un certain nombre qui ont été accomplis, ainsi que je l'ai raconté dans le *Figaro* :

Mlle Roland, danseuse et millionnaire, devint marquise de Saint-Génies en 1684. Ce Saint-Génies était parent du poëte de ce nom, qui prit l'habit ecclésiastique.

La Fanchon Moreau, actrice de talent, mais femme galante au premier chef, épousa en 1708 le marquis de Villiers. Elle avait voulu entrer en religion en 1702.

La Quinault Dufresne, danseuse, que Samuel Bernard avait un soir gratifiée de cinquante mille francs et que le marquis de Ne...., puis Philippe d'Orléans avaient successivement et ostensiblement protégée, devient un beau matin duchesse de Nevers et se trouvait ainsi alliée à la famille royale.

La fameuse Mlle Antier, qui scandalisa même l'Opéra, fut épousée en 1730 par M. Truchet, fermier général à Amiens.

Le marquis d'Arque donna sa main droite à la danseuse Grognet, que bien d'autres avant lui avaient épousée de la main gauche, — 1742.

La belle Rosaly, choriste, se maria en 1752, avec M. Masson de Maison-Rouge. Disons que M. de Maison-Rouge ne se mésalliait pas, car la Rosaly était une Rotisset de Romainville qui n'avait pas dérogé en entrant à l'Opéra.

Le marquis de Fleury qui se prétendait parent du cardinal Hercule, donna son titre à la figurante Defresnes en 1755, et lord Crawfard d'Anchimanes fit entrer dans son illustre famille la Salivan, simple figurante à l'Opéra, en 1756.

La Leduc, autre figurante sans talent, contracta deux unions retentissantes. En 1745, elle devint marquise de Tourvoy, puis, son premier mari étant mort en 1754, le comte de Clermont, prince du sang, l'épousa secrètement en 1759.

Le brave amiral anglais Knowes offrit un jour sa main à la Grandpré, figurante, à la condition qu'elle viendrait en Angleterre. Par esprit de patriotisme elle lui préféra le marquis de Senneville.

Deux baronnes sorties des coulisses doivent prendre leur place ici :

La baronne de Monbruel, autrement dit Mlle Le-maure, la plus capricieuse des cantatrices (1762), et la baronne d'Augny, de son nom de théâtre la Lian-court (1763). Il y a, paraît-il, cette particularité dans l'élévation de la Lemaure, que son mari ne voulut jamais l'applaudir.

· La robe n'échappa point à la contagion : c'est ainsi que nous voyons le président de Meinières épouser, en 1765, la figurante Chouchou, et le président de Campistron-Manibon prendre pour femme la canta-trice Clairval, en 1797.

L'année 1768 voit faire la Mazarelli, figurante, marquise de Saint-Chamont, et Lolotte elle-même, la célèbre Lolotte, comtesse d'Hérouville !

La Rosalie Levasseur, créée baronne du Saint-Empire en 1771, devint comtesse de Mercy-Argenteau en 1790. Excusez du peu, comme eût pu dire Rossini (1).

**

Castil-Blaze dit quelque part que la *Clairon*, cantatrice, fut la femme légitime du margrave d'Anspach en 1784. Il y a erreur. D'abord, Mlle Clairon ne fit que passer à l'Opéra, et n'a jamais compté comme cantatrice. Ensuite, ce fut en 1773 que Mlle Clairon songea à aller retrouver son ancien amoureux. Elle avait alors au moins cinquante ans. En 1775, elle était encore à Paris, ainsi qu'en témoignent ses querelles avec Fréron. Elle n'alla donc en Allemagne qu'en 1776. Elle ne partagea la couronne princière d'Anspach que comme la Pompadour partagea celle du roi de France. Elle quitta son vieil ami après dix-sept ans d'intimité, et revint à Paris en 1792. Elle avait alors plus de soixante-sept ans. La vieille Frétillon était alors ruinée, et l'on était en pleine Terreur. Si elle eût été la femme légitime du landgrave, elle ne l'eût pas quitté pour aller au-devant de la misère. D'ailleurs, Mlle Clairon, dans ses *Mémoires*, ne dit pas un mot de ce prétendu mariage avoué ou secret, au contraire.

**

Mlle Clairon le dit positivement dans ses *Mémoires*. Elle ne s'est pas plus mariée au margrave qu'à tout autre.

(1) Je dois dire ici qu'un descendant de la famille de Mercy-Argenteau a cru devoir protester dans le *Figaro* contre cette assertion, mais les chroniques du temps, auxquelles nous avons renvoyé notre honorable contradicteur, sont pour nous.

« Quatre fois les nœuds sacrés du mariage m'ont
été proposés; la naissance, l'honneur, les biens ne me
laissaient rien à désirer. J'ai refusé les trois premiers,
parce que je n'aimais pas, et le quatrième parce que
j'aimais véritablement. »

Ce quatrième était un Français, le comte de
Valbelle.

« Je reçus, dit-elle, tous les écrits, tous les serments
qu'on voulut faire; je consentis à donner les mêmes
assurances; et pendant dix-neuf ans, ma fortune, ma
volonté, ma conduite, n'ont permis aucun doute sur
le respect que je portais à cet engagement : ma façon
d'éluder une conclusion que les instances les plus
vives ont sollicitée treize ans de suite, n'a pu que
manifester mieux de jour en jour ma tendresse et ma
reconnaissance. Ce que mon cœur a rendu de combats ne peut être apprécié que par moi; je leur dois
sans doute une grande partie des maux que j'éprouve
aujourd'hui; mais qu'importent ces maux? qu'importe ma vie même? je n'ai point de reproches à me
faire (1). »

Ces unions, plus ou moins scandaleuses, avaient,
du reste, assez souvent leur revers, comme les plus
belles médailles, et c'était l'opinion publique qui se
chargeait de le frapper.

C'est ainsi qu'au lendemain du mariage de Mlle Rem,
figurante dissolue, avec Lenormand d'Étioles, veuf

(1) Le *Figaro* a publié dans son supplément du 22 avril 1882
cette page intéressante des *Mémoires de Clairon.*

de Mme de Pompadour, le quatrain suivant courait les ruelles :

> Pour réparer *miseriam*
> Que Pompadour laisse à la France,
> Son mari, plein de conscience,
> Vient d'épouser *Rem...publicam.*

Le mot était dur, mais mérité.

L'histoire de tous les grands mariages de l'Opéra seraient, du reste, un livre bien curieux à écrire et peut-être le ferai-je un jour. Qu'il nous suffise de constater ici que l'hymen a mis sur des têtes de cantatrices du passé toutes les couronnes possibles, y compris la couronne royale.

**

Avant d'achever de parcourir la gamme musico-financière du xviii° siècle, il nous semble intéressant de dire quelques mots sur l'augmentation successive des charges de l'Opéra ; nous serons bref, car quelques chiffres sont déjà connus, mais certains détails sont ignorés, je crois, et, on verra qu'ils ont leur valeur, quant au thème que j'ai à développer.

Aux termes de « *l'État du nombre des personnes tant hommes que filles, dont le roi veut et entend que l'Académie royale de musique soit toujours composée, sans qu'il puisse être augmenté ni diminué,* » les artistes lyriques étaient payés comme suit :

Trois basses tailles à 1,500, 1,200 et 1,000 livres.

Trois hautes *contre* à 1,500, 1,200 et 1,000 livres.

Deux tailles à 600 livres.

Actrices pour les *rolles* six, à 1,500, 1,200, 1,000, 900, 800 et 700 livres.

Les artistes se classaient ainsi : premier acteur, deuxième acteur ; première actrice, deuxième actrice. On comptait jusqu'à sept actrices pour les *rolles*, la septième recevait 700 livres.

Pour les chœurs, vingt hommes, à 400 livres et deux pages à 200 livres.

Douze filles, à 400 livres.

Quant à l'orchestre, composé de 46 instrumentistes, il coûtait 19,150 livres, plus mille livres données au batteur de mesure. Cinq ans plus tard ce même personnel chantant comprendra onze hommes, seize femmes pour les rôles, cinq actrices en double chantant dans les chœurs, trente-quatre hommes et vingt-et-une femmes choristes. Total 87 voix.

Voici quels étaient la composition et le coût de l'*crquestre* en 1713 :

Batteur de mesure 1,000 livres.

Dix instruments du petit chœur à 600 livres.

Huit basses à 400 livres.

Deux quintes à 400 livres.

Deux tailles à 400 livres.

Trois hautes-contre à 400 livres.

Trois haut bois, flûtes ou bassons à 400 livres, et un tymballier à 150 livres.

ÉTAT GÉNÉRAL *des acteurs et des actrices du chant et de la danse, symphonistes de l'Orchestre, des Ecoles de Musique et de danse, pensionnaires et autres sujets de l'Académie et leurs appointements, gratifications et pensions, 1er avril 1750.*

Tel est le titre du document de comptabilité qui était fourni chaque année, depuis le règlement de 1713, à la signature ministérielle et sur lequel, grâce à l'obligeance toute courtoise de l'honorable et érudit M. Nuitter, conservateur de la bibliothèque de l'Opéra, nous avons pris les notes relatives aux appointements officiels des artistes.

C'est à l'aide de ce document que nous pouvons suivre, année par année, l'augmentation successive des charges de l'Opéra.

Ainsi, en 1750, les dépenses s'élevaient déjà à 147,950 livres, dont 66,900 pour le chant, y compris les gratifications, montant à 11,900. Cette somme était répartie entre onze chanteurs, huit actrices, dix-huit choristes femmes et 21 hommes.

Chéron, batteur de mesure, recevait quinze cents livres et cinq cents livres de gratification ; mais il devait donner des leçons de chant au théâtre ! Toutefois il lui était encore alloué cinq cents livres à titre d'indemnité de logement.

Quinze cents livres par an ! Le plus humble chef d'orchestre de café-concert gagne aujourd'hui le triple !

En 1786, la dépense générale fut de 1,005,300 livres, 14 sols, 9 deniers. Bénéfices : 1,700 livres, 4 sols, 3 deniers !

Les trois deniers sont adorables.

En 1790, l'Opéra coûta 1,238,964 livres, 16 sous,

et le déficit fut de 292,676 livres, 14 sous, 5 deniers. Ce fut en cette année que, pour la première fois, les surnuméraires furent payés et reçurent, gratifications comprises, 500 livres. Le chant seul, en comptant les chœurs, revenait à 211,400 livres, et l'orchestre à 82,900. Le budget avait donc quadruplé, ou peu s'en faut, en quarante ans.

Sur l'état de 1720, je relève les chiffres suivants :

Le page ne touche que 700 livres de gratification.

Albert ne reçoit que 2,000 livres, sans gratification, ni pain ni vin.

Person descend à 1,500 livres, avec 500 livres de gratification.

Cuvilliers, basse, seulement 840 livres de traitement et 400 livres de gratification.

Et Lefebvre, autre basse, entré en 1720, après 25 ans de service, ne touche que 1,000 francs, 300 francs, de gratification ; il est vrai qu'à l'ordinaire il chantait dans les chœurs et ne faisait à l'occasion que doubler les chefs d'emploi.

Par une noté en marge du nom de Beroyer, je vois que cette haute-contre qui ne touchait que 1,200 livres, y compris la gratification, quitta l'Opéra en 1750 pour entrer comme chantre à la Sainte-Chapelle.

En cette circonstance, l'Opéra ne faisait que rendre à l'Église procédé pour procédé, puisque les premiers chanteurs d'opéras sortaient des musiques des premières cathédrales.

Sur l'État de 1754, je relève cette annotation de

Francœur, approuvée par Le Voyer d'Argenson :

« La demoiselle Dun, chantant dans les chœurs, aux appointements de 800 livres, a servi pendant trente-quatre ans et demande la permission de se retirer, étant infirme et ne pouvant plus continuer son service. Mise à la pension de 400 livres dont le brevet sera expédié, à commencer du 1er mai 1754. »

Sur celui de 1784, autre note de Francœur en regard du nom d'un choriste : Pouchard, basse taille :

« A l'Opéra depuis un an, réformé faute d'assiduité et de zèle pour le service dont il se dispense très souvent, sous prétexte de maladie, et ne sachant jamais les chœurs. »

Ces deux notes prouvent que le personnel des chœurs était surveillé avec soin.

Voici une autre note très curieuse, également de la main de Francœur, annexée à l'*État matrice* de l'an V.

« Nota. Lors de la dépréciation du papier-monnaie, il fut arrêté par l'administration qu'il serait fait une réduction d'un cinquième sur chacun des appointements des artistes, afin de pouvoir les payer en numéraire, et il leur fut promis qu'en un temps plus heureux on leur tiendrait compte de cette retenue. *Ces* pourquoi l'on voit ici sur la *collonne* des appointements des parties de 20, 40, 60 et 80 livres au lieu de la somme complète.

» On assure que cette retenue ne leur sera pas rendue et que les artistes en sont pleinement convaincus. »

Nous n'avons pas besoin de dire que ces prévisions se réalisèrent ; mais il n'est pas inutile de faire remarquer que les artistes étaient alors l'objet d'une sollicitude qui n'était pas toujours accordée à tous les salariés de l'État, même les plus élevés.

C'est sur cet état matrice que les artistes sont pour la première fois qualifiés de *citoyens* et de *citoyennes*.

Les choristes sont partagés par classes, aux conditions suivantes :

1re classe 1,280, 2e classe 1,120, 3e classe 960 livres. Nous ferons remarquer que les femmes étaient sur le même pied que les hommes.

Sur l'état matrice de l'an VIII, administration de Devismes et Bonnet, Francœur a écrit cette note :

« Nota. Cette administration, qui entra au 1er vendémiaire an VIII, projetant de ne donner et ne faire que du nouveau, ferma ce théâtre pendant quarante-six jours à partir du 1er vendémiaire, et ne fit l'ouverture que le 10 brumaire suivant, par *la Caravane*. »

Trois noms de choristes à noter sur l'état de l'an XIII :

Déjazet, avec mille francs de traitement ;

Nourrit, avec deux mille francs ;

Derivis, avec trois mille cinq cents francs.

Nous demandons à insérer ici quelques articles du règlement de 1714.

XXIV

« Si quelque acteur ou actrice de musique et de danse ou symphonie de l'orchestre trouble par quelque rumeur l'ordre nécessaire pour le service du spectacle, il sera imposé à une amende de six livres pour la première fois, sera privé d'un mois de ses gages pour la seconde et sera congédié pour la troisième.

XXV

« Tous les acteurs ou actrices, danseurs ou danseuses, et gens de l'orchestre étant aux gages de l'Opéra, ne pourront s'en retirer, ni prendre congé absolu, qu'après l'avoir demandé trois mois d'avance, à peine de punition, suivant l'exigence du cas.

» Et s'il arrive que quelques-uns d'eux quittent l'Opéra d'eux-mêmes et par caprice, ils en seront exclus pour toujours et n'y pourront rentrer, quelque mérite qu'ils aient, et sous quelque prétexte que ce soit.

XXX

« Tous les acteurs et actrices, tant ceux qui auront des rolles marqués, doubleuses et doubleurs, que les gens des chœurs et de l'orchestre, danseurs et danseuses se trouveront ponctuellement aux répétitions au lieu et à l'heure désignés, sous peine de six livres d'amende pour la première fois, de suppression d'un mois de gages pour la seconde, et d'être congédiés pour la troisième : ne pourront en outre les chanteurs et chanteuses répéter les rolles et parties en lisant sur le papier, mais seront en état de les chanter par cœur.

XXXIV

« D'autant que les représentations ont été quelquefois sur le point de manquer pas l'indisposition subite de quelques acteurs, les doubleurs et doubleuses seront tenus de se trouver à toutes les représentations de l'année, sans distinction, pour y remplir leurs rolles, s'il en est besoin.

XLIV

« Lorsque quelque accident inopiné, ou ordre supérieur de la cour obligera de fermer le théâtre dans les temps destinés aux représentations, les acteurs, actrices, et autres ne pourront prétendre que la moitié de leurs gages qui auront *courus* pendant le temps de l'interruption. »

Les mécontents d'aujourd'hui ne manqueront pas de faire observer qu'autrefois l'on entendait mieux la dignité de l'art et le respect du public. Hélas ! encore une illusion à enlever, car ce sévère règlement n'était appliqué qu'exceptionnellement et seulement quand il s'agissait des doublures et des choristes.

C'est toujours la moralité du fameux vers :

> Où la guêpe a passé le moucheron demeure.

Revenons sur nos pas pour nous occuper des grands virtuoses.

CHAPITRE IX

Revenons sur nos pas pour nous occuper des virtuoses.

Je ne citerai qu'un détail pour donner une idée de la richesse de Mlle Deschamps, amie de Mlle Pélissier; c'est que, gourmande et prodigue, autant et plus que celle-ci peut-être, ce qui n'est pas peu dire, elle repoussait dédaigneusement les petits pois quand ils cessaient de valoir soixante livres l'assiettée ! Citez-moi donc, parmi les friandes de nos théâtres lyriques, une seconde Mlle Deschamps! Cette Deschamps était millionnaire, elle se montrait à Longchamps en équipage somptueux, au grand chagrin des grandes dames qu'elle écrasait de son luxe insolent, mais au grand scandale des bourgeoises qui avaient la *créature* en horreur. Le mot créature était déjà consacré comme expression injurieuse.

Voici une curieuse anecdote qui prouvera qu'une note lancée à propos peut être d'un excellent rapport.

La scène se passe en 1700 dans la cathédrale de Dantzig, dont Bendeler était organiste. Ce musicien était possesseur d'une basse profonde qui se mariait heureusement avec les jeux de son instrument. Un jour qu'il touchait de l'orgue à vêpres, il entonna sans préparation, en l'attaquant par un *fa* tonitruant, un chant majestueux qui ébranla l'édifice. Stupéfaite, épouvantée par ce bruit vraiment terrible, la femme d'un sénateur, grosse de huit mois, accoucha subitement d'un gros garçon dans la chapelle de Saint-Nicolas où elle accomplissait une neuvaine. L'orgue et la voix de Bendeler couvraient les cris de la jeune mère.

On court avertir le sénateur, que la goutte retenait au lit depuis plusieurs mois. Cette nouvelle inattendue le comble de joie. Sans plus penser à sa goutte, il saute hors du lit, s'élance à l'église, grimpe aux orgues, entraîne Bendeler à sa table et au dessert, en guise de dragées de baptême, lui glisse trois cents ducats dans son assiette. Ce Bendeler était fils du chantre du même nom au collège de Guedlimbourg (Allemagne). Grâce à cet accouchement miraculeux, le chantre de Dantzig devint célèbre. La clef de *fa* lui ouvrit toutes les portes et devint pour lui une clef d'or.

On s'est beaucoup récrié, en 1868, lorsque l'on apprit que Mme Carvalho avait traité avec l'Opéra à raison de soixante mille francs pour l'année, avec deux mois de congé, ce qui mettait le traitement à six mille francs par mois. On cria bien davantage quand M. Perrin donna quatre-vingt-dix mille francs à M. Faure, pour onze mois, et ce fut bien pis encore quand, en 1867, M. le comte de Guenedoff, directeur des théâtres impériaux de Russie, traita avec Fraschini aux appointements de 80,000 francs pour trente représentations, soit 2,500 francs par soirée. Or, voici ce qui se passa en 1723 :

Un entrepreneur dramatique offrit à la Cuzzoni *240 mille* livres, pour une saison de quatre mois en Italie, c'est-à-dire 60 mille livres par mois ; et, comme elle ne devait chanter que quatre fois par semaine, c'était un cachet de 3,500 livres, soit au moins cinq mille francs de notre monnaie !

Dans le courant de la même année, devant M. de Maupas, Hændel et Croizat, le banquier amoureux de Mlle de Saint-Germain, la jolie danseuse, offrirent à Marguarita Durona, Cuzzoni, Bernardi, Bernelli et Giuseppo Brochi, trente-cinq mille livres pour douze représentations, sans compter les habits neufs. Les artistes refusèrent.

Ce même Croizat eut un jour la fantaisie de tapisser le boudoir de la charmante ballerine dont il était fou. Il choisit pour tenture des billets de banque et on assure que la demoiselle trouva que son tapissier ordinaire avait bon goût. On a pu voir que Croizat ne fut pas le seul qui eut cette fantaisie. L'amoureux hollandais Dulis Lopès avait agi de même avec la Pélissier.

Cette Cuzzoni (Françoise Sandoni), après avoir repoussé les offres d'un grand seigneur anglais plusieurs fois millionnaire, et un joli cavalier qui la voulait faire duchesse, s'enamoura d'un ouvrier bijoutier et devint si misérable que, pour gagner son pain de chaque jour, elle fut obligée de fabriquer des boutons. Elle était alors veuve et avait perdu la voix.

***

A propos d'habits neufs à fournir aux artistes, il me semble curieux de donner ici l'attendu d'un jugement qui fut rendu en juillet 1881 par la septième chambre, à propos d'un différend entre M. Victor Koning, directeur du Gymnase et Mlle Mary Jullien.

« Attendu, en ce qui touche l'obligation de se fournir, pour les costumes de ville, toutes les parties de l'habillement sans aucune exception, qu'il est de toute équité que la dépense pour lesdits costumes doit être toujours proportionnée aux ressources que l'artiste puise dans l'exercice de sa profession;

» Que le contrat serait contraire à la morale publique et aux bonnes mœurs si le directeur pouvait, soit en lui confiant dans un très court espace de temps plusieurs rôles qui l'y obligent, soit en lui imposant pour un seul des dépenses excessives, mettre sa pensionnaire dans l'impossibilité d'acheter ses toilettes sans s'endetter ou faire dégénérer l'obligation résultant du traité en un système de vexations qui rendrait impossible l'exécution du contrat par l'artiste ;

» Attendu que, dans ces conditions, il ne peut être contesté que Mlle Mary Jullien, chargée des premiers rôles qu'elle a joués dans *Miss Fanfare, Monte-Carlo* et *Madame de Chamblay*, a dans l'espace de trois mois seulement, dépensé près de 6,000 francs pour ses costumes ; que, cependant, depuis le jour de son engagement, elle n'a reçu de la direction que 4,250 francs ; que, dès lors, on ne saurait nier que ses objections fussent légitimes et sa résistance justifiée. »

Ainsi voilà qui est entendu, MM. les juges de la septième chambre l'ont déclaré solennellement, il est contraire à la moralité publique et aux bonnes mœurs de faire jouer aux artistes des rôles qui exigent des costumes d'un prix exorbitant.

Dans ces conditions combien de directeurs enfreignent les lois de la morale publique !

* *
*

Hændel fut amené à opposer à la Cuzzoni, qui l'avait alors quitté, la Faustina Bordoni, plus tard femme Hasse. Elle débuta en 1726 dans l'*Allessander* de son directeur. Or, celui-ci lui comptait par saison 2,000 livres sterlings, soit 50,000 francs. De cela, cent cinquante-quatre ans. Voilà ce me semble des chiffres qui devraient imposer silence à la critique, si d'essence la critique n'était pas partiale au premier chef.

Mais la fortune de Mme Hasse ne devait pas se borner là : après une série de triomphes sonnants, elle fut engagée à Dresde où elle chanta devant le grand Frédéric, et telle fut l'impression qu'elle produisit sur ce conquérant, qu'elle le rendit éperdûment amoureux, bien qu'elle eût alors quarante-six ans bien sonnés. Notons je vous prie que je ne fais nullement fi des femmes qui ont doublé le cap de la quarantaine et que l'expérience montre chaque jour qu'artiste de 45 ans et plus enflamme bien des cœurs : mon *bien que* n'est donc pas injurieux. Jusqu'en 1742, l'illustre cantatrice toucha son traitement en entier, encore qu'elle ne chantât plus depuis dix ans.

Nous ne sachions pas qu'une seule cantatrice moderne ait été traitée aussi royalement.

On rapporte à propos de la Faustina une anecdote qui prouve à quel degré l'amour-propre des artistes de cette époque bien heureuse était monté. Notre mezzo-soprano chantait un soir au théâtre de la cour à Dresde, le rôle de Zénobie, lorsqu'elle s'aperçut que le roi causait à haute voix avec une princesse polonaise. Saisissant avec à-propos le vers d'un passage du livret, elle s'écria : *Tace io vel commando!* avec un accent si impérieux, qu'Auguste III se tut immédiatement et n'ouvrit plus la bouche.

Quelle cantatrice se permettrait cette impertinence aujourd'hui ?

.

On a vivement, trop vivement même, critiqué les succès en tous genres de M. Victor Capoul. Les trois cent mille francs, trois cent soixante mille même qui lui étaient offerts, il y a quelques années, pour chanter quatre fois par semaine au Caire pendant un an, ont fait jeter les hauts cris, et les ovations dont il a été le héros ont scandalisé bien des gens. J'ai déjà cité quelques ténors du xviie siècle dont la fortune avait dépassé celle de l'ancien pensionnaire de l'Opéra-Comique. Qu'il me soit permis de lui opposer aujourd'hui Jeliotte, le ténor aimé, adulé, ténor exceptionnel, réunissant le talent et l'esprit et ayant autant de modestie que de succès : *rara avis!*

L'ancien enfant de chœur de Toulouse sauta d'un bond du lutrin à l'Opéra par la protection de M. le prince de Carignan, inspecteur de l'Opéra en 1733.

Entré à l'Opéra avec 1,200 livres de traitement, il en eut 1,500 en 1734, 1,400 en 1738, plus 300 livres de gratification extraordinaire. Ce traitement fut successivement augmenté jusqu'à 3,000 livres, plus 2,000 de gratification, plus le pain et le vin compté à 1,200 livres, plus une centaine de mille livres qu'il recevait en cadeaux, libéralités particulières, pensions, etc.

Voici le jugement que portent sur lui deux de ses contemporains :

« Cet acteur a coûté beaucoup d'argent à l'Académie pour le faire venir de Toulouse, où il était enfant de chœur. C'est une voix des plus belles pour la netteté et les cadences ; il est grand musicien et il joue de beaucoup d'instruments ; mais les débauches de toute espèce seront la cause de sa perte. » (*Mémoires inédits de l'Opéra.*)

Écoutons maintenant Mme d'Épinay ; son amie et l'entremetteuse de ses amours à la cour s'exprime ainsi dans ses *Mémoires :*

« Une chose m'étonne et je n'y comprends rien. Jeliotte, fameux chanteur de l'Opéra, s'est installé pendant l'hiver chez Mme de Juilly. Il a un ton, une aisance à laquelle je ne me fais point. Je sais qu'il y a nombre de bonnes maisons où il est reçu, mais cela m'est toujours nouveau et quand il perd vingt louis au brelan, je suis surprise qu'on les accepte. Il est réellement d'une société fort agréable ; il cause bien, il a de grands airs, sans être fat ; il a seulement un ton au-dessus de son état. Je suis persuadée qu'il le ferait oublier s'il n'était forcé de s'afficher trois fois par semaine. »

J'ignore si quelque ténor moderne a sa Mme de Juilly, mais je n'en connais pas qui ait sa Mme d'Épinay.

C'est Castil-Blaze qui s'exprime ainsi :

« Jeliotte n'était ni beau, ni bien fait ; pour s'embellir il n'avait qu'à chanter. On eût dit qu'il charmait les yeux en même temps que les oreilles. Les femmes en étaient folles. On les voyait, à demi lancées de leurs loges, donner en spectacle l'excès de leur émotion, et plus d'une des plus jolies voulaient bien la lui témoigner. »

En 1762, il y avait sept ans que le célèbre chanteur avait quitté l'Opéra, théâtre de sa gloire et de sa fortune, on lui offrit vingt-quatre mille livres pour 24 représentations de *Daphnis et Alcimadura*, de Mondeville, qu'il avait créé en 1754 avec Latour et Mlle de Fel. Mille livres par soirée, la livre était de 24 sous, cela mettait le cachet à 1,200 francs, il y a cent trente ans. Il refusa.

Jeliotte fut pensionné à raison de 1,000 livres, plus 500 francs de gratification annuelle.

Pendant dix ans encore il chanta à la cour, triplant, quadruplant sa pension et comblé de présents, ce qui ne l'empêcha pas de mourir, en 1782, dans un état voisin de la misère, en son château de Navailles qu'il avait payé de ses deniers, c'est-à-dire avec les notes d'or qui jaillissaient de son gosier merveilleux. Il n'avait plus d'autres ressources que sa pension, qui, heureusement pour lui, mais malheureusement pour ses créanciers, était insaisissable.

En effet, un arrêté du Conseil, en date du 16 avril 1745, déclarait insaisissable les pensions payées par l'Opéra. C'était encore un privilège attaché à la profession, privilège aujourd'hui disparu.

Jeliotte mérita qu'un fanatique lui adressât les vers suivants :

> Il est, quand je me les rappelle,
> Certains moments, dieux quels moments!
> Entendit-on jamais une voix aussi belle !

Où suis-je et qu'est-ce que j'entends?
Ah! c'est un dieu qui chante! Ecoutons! il m'en-
[flamme!
Jusqu'où vont les éclats de son gosier flatteur?
Sur l'aile de ses sons je sens voler mon âme;
Je crois des immortels partager la grandeur!

La voix de ce divin chanteur
Est tantôt un zéphir qui vole dans la plaine,
Et tantôt un volcan qui part, enlève, entraîne
Et dispute de force avec l'air de l'Auteur.

Il faut avouer que ces vers sont détestables. Cependant Jeliotte les trouva parfaits; tant il est vrai que, même quand il est mauvais, l'encens qu'on vous brûle sous le nez sent toujours bon.

La marquise de Pompadour protégeait beaucoup Jeliotte. Un jour elle conçut le projet de lui faire toucher une forte somme sans qu'il eût à souffrir dans son amour-propre et sans qu'il lui en coûtât à elle énormément. Elle organisa, sous le patronage de Louis XV, une loterie dont le roi prit une forte quantité de billets; les grands seigneurs et les belles dames durent s'exécuter et la recette monta à près de soixante mille livres. Mme Du Barry avait obtenu quatre-vingt-dix mille livres avec le même procédé en faveur de Dauberval, le danseur chéri de Mlle Dubois de la Comédie-Française.

La vie de Jeliotte est tout un poème galant et musqué; il faudrait un volume pour la raconter. Plus gentilhomme que le seigneur du Ponceau, il savait conserver le secret de ses bonnes fortunes que seules trahissaient celles qui le favorisaient. Ce fut, par exemple, par les indiscrétions de Mme d'Epinay, amie et belle-sœur de Mme de Juilly, que l'on connut tout au long l'histoire des amours du séduisant ténor et de cette belle, mais inconstante personne.

Mlle Petit-Pas, gracieuse comme une Rose Pompon, cantatrice de talent, mais reléguée au second rang, dut un jour doubler au pied levé son chef d'emploi dans les *Fêtes grecques et romaines*. Son partenaire fut Jeliotte. Les deux artistes eurent un succès prodigieux. Delie avait des yeux si doux ! Tibulle possédait tant de séductions dans la voix, que nos deux virtuoses chantèrent leur duo d'amour avec une chaleur, un entraînement merveilleux, au naturel enfin ; et quand, aux dernières notes, selon l'exigence du rôle, ils s'embrassèrent, il y eut une explosion de bravos d'enthousiasme. De ce jour, le traitement de Mlle Petit-Pas fut élevé à 3,200 livres et sa gratification portée à 300 livres.

Mais ce succès lui valut la haine de Mme de Juilly, qui alors protégeait encore Jeliotte, ce même Jeliotte dont elle disait plus tard à sa belle-sœur, Mme d'Epinay :

— Rends-moi un grand service.

— Lequel ?...

— Débarrasse-moi de Jéliotte !

Qu'il me soit permis d'accorder ici une mention à un artiste qui, bien que n'étant pas chanteur, ne saurait être oublié dans cette galerie des illustrations musicales de l'Académie de musique. Je veux parler d'Exaudet, rendu célèbre par le menuet auquel il a donné son nom.

Il appartenait à l'orchestre de l'Opéra, en 1749, et touchait 500 livres comme violoniste. C'était ce que recevait aussi le fameux joueur de musette Chefdeville.

* *

Je ne citerai que pour mémoire, parmi les demi-millionnaires, Mlles Verdier, de Saint-Christophe et Pierche, née pour représenter les Vénus et qui les représentait merveilleusement. Mlle Desclausas, qui, pendant un temps, fut vouée aux rôles de fée, les belles fées, bien entendu, au Châtelet et ailleurs, et qui est maintenant une artiste, n'a jamais gagné en un an le quart de ce que Mlle Pierche dépensait en un mois.

Je salue en passant la gracieuse et noble et touchante Mlle Journet, dont les traits adorables ont été immortalisés par Raoux et dont la fortune n'était rien moins que médiocre, bien qu'elle occupât un assez modeste appartement rue des Bons-Enfants, où elle mourut pensionnée du Roi, et j'arrive à Mlle Marie Antier, l'élève bien-aimée de Marthe Le Rochois.

Sa maison était montée sur un pied princier. Pensionnaire du Roi et de la Reine, comblée de splendides cadeaux par les seigneurs de la Cour, elle était l'enfant gâtée même des grandes et nobles dames.

La comtesse de Toulouse lui fit don d'un service d'argent complet, de colliers et de bijoux pour être allée à Rambouillet, chanter dans plusieurs ballets dansés par le Roi, et où chantaient les princesses. Sa Majesté lui offrit une tabatière d'or enrichie de diamants. Chaque fois qu'elle se faisait entendre aux Tuileries, le Roi lui faisait un riche présent. Elle eut bientôt une telle quantité d'objets précieux, qu'elle dut en vendre.

Mlle Aimée, l'ancienne pensionnaire du *Cheval-Blanc*, et des Variétés, est, parmi nos cantatrices modernes, la seule peut-être qui, sous ce rapport, peut être opposée à Mlle Antier; mais elle dut aller plus loin qu'à Rambouillet pour recueillir cette éblouissante récolte, soit 600,000 francs de brimborions. Ce fut à Rio-Janeiro qu'elle se rendit en 1864.

Pour compléter le parallèle, il faudrait que, comme Marie Antier, elle eût une couronne triomphale à offrir à un Maréchal de France. Peut-être recevrait-elle, soit une tabatière d'or, comme celle que le maréchal de Villars envoya à notre actrice, en 1712, ou dix mille livres de diamants comme le fit le maréchal de Saxe pour remercier Mlle de Metz de la couronne d'or que lui offrit, le 18 mars 1746 la nièce de Mlle Antier. Mais, hélas! il est passé le temps où l'on pouvait couronner de lauriers d'or le front victorieux d'un Maréchal de France.

Mlles Antier et de Metz s'étaient, l'une après l'autre, signalées dans *Armide*. Le 18 mars 1756, donc, le maréchal de Saxe paraissait pour la première fois à l'Opéra depuis la bataille de Fontenoy. Il y fut accueilli avec des transports d'admiration. Mlle de Metz, qui

représentait le personnage de la Gloire dans le prologue d'*Armide*, par une inspiration subite, posa la
couronne de laurier sur la tête du vainqueur des
Anglais.

La salle éclata en bravos d'enthousiasme. Le
lendemain, le Maréchal envoya à l'artiste pour dix
mille livres de diamants. L'abbé de la Porte, l'un des
auteurs des *Anecdotes dramatiques*, prétend qu'il les
lui fit bien gagner; mais l'abbé de La Porte était un
médisant.

Il est à remarquer, comme nous le disions plus
haut, que Mlle Antier avait fait le même honneur au
maréchal de Villars, après la victoire de Denain. Ce
grand capitaine se montra plus généreux même que
son émule, car il envoya vingt-cinq mille livres à
celle qui l'avait couronné ainsi publiquement au nom
de la France. La tabatière d'or n'était qu'un appoint.
Nous devons dire qu'à cette époque les grands seigneurs se tenaient encore sur la scène pendant le spectacle, ce qui rendait le coup de théâtre très facile.

Ici nous placerons un souvenir personnel.

Le mercredi 12 novembre 1856 le maréchal Pelis-
sier, duc de Malakoff, assistait à une représentation
de gala, donnée en son honneur au grand théâtre de
Rouen. Tout avait été combiné pour rendre un éclatant hommage au vainqueur de Sébastopol. La scène
représentait la maison où était né le maréchal. A
droite et à gauche des mâts, des trophées, des écus-
sons aux armes de Rouen et portant le nom des ba-
tailles gagnées par le maréchal.

Sur un motif éclatant, emprunté à l'opéra d'*Haydé*, tout le personnel chantant vint se placer sur le théâtre, et M. Bonneseur, première basse, qui a appartenu à l'Opéra, et qui est aujourd'hui régisseur aux *Variétés*, chanta d'une voix puissante une cantate composée, pour la musique, par Maillot, compositeur rouennais d'un grand mérite, et, pour les paroles, par le rédacteur en chef de la *Normandie*. L'effet fut saisissant. Parmi les choristes on remarquait Mmes Lavoye, de l'Opéra-Comique, Dubarry et Gourdon, puis MM. Bovier-Lapierre, Lacroix, Bouvard, chefs d'emploi. Pendant deux heures que dura la représentation, le maréchal fut fêté à l'égal d'un souverain ; mais moins sensible aux hommages que ses devanciers les maréchaux de Saxe et de Villars, le maréchal ne laissa pour tout souvenir aux artistes et aux auteurs que des remerciements transmis par un aide de camp.

CHAPITRE X

Avant de pousser plus loin nos excursions dans le passé, je demanderai la permission aux détracteurs du public français de leur faire observer que, si nous faisons des folies pour nos chanteurs, l'Italie nous suit de bien près et n'a pas grand'chose à nous envier sous ce rapport.

En 1870, on a mis au concours, à Venise, comme cela se fait d'ordinaire, l'entreprise du théâtre de la Fenice pour la saison de carnaval et de carême. Mais, avant même que le directeur eût été choisi, la présidence de ce théâtre avait conclu divers engagements, et s'était assuré pour cette saison, qui dure environ cinq mois, les artistes suivants aux conditions ci-après :

La Teresina Stolz, soprano (qù'il ne faut pas confondre avec Mme Rosine Stoltz, l'ancienne chanteuse de l'Opéra), 36,000 fr.; le ténor Fancelli, 25,000 fr.; le baryton Cotogni, 18,000 fr.; *il basso cantanto* Angelini, 14,000 fr.

Et puis, quand bien même nos artistes feraient des recettes d'or, ne les voit-on pas prouver qu'ils ont le cœur aussi grand que le talent ! Les femmes surtout se distinguent par leur esprit de charité. Qu'il me soit permis de citer un fait entre mille.

Le jour même de la signature de sa prolongation d'engagement avec l'Opéra, Mlle Nilsson a fait don, aux associations des artistes musiciens et dramatiques, de la représentation à bénéfice qui lui est assurée à la fin de son engagement.

M. le baron Taylor aussitôt vint l'en remercier, au nom des deux comités.

Le comité des artistes musiciens remercie à son tour Mlle Nilsson de son concours à la messe solennelle de Sainte-Cécile, par la lettre que voici :

A Mademoiselle Nilsson, de l'Académie impériale de musique.

« Paris, le 10 décembre 1868.

« Mademoiselle,

« Heureux du précieux concours que vous avez bien voulu nous accorder pour l'exécution de la messe solennelle de Sainte-Cécile, le Comité de l'Association des artistes musiciens vous prie d'agréer ses hommages de vive gratitude.

« Admirablement interprétée par votre magique talent vocal, l'œuvre si belle d'Ambroise Thomas a reçu comme une consécration nouvelle ; et, malgré votre éclatant triomphe à Saint-Eustache comme cantatrice, nous ne savons trop ce que nous devons le plus admirer, de la suavité de votre voix ou de la bonté de votre cœur.

« A votre front brille une double auréole, l'auréole impérissable que forment la gloire et la bienfaisance.

« *Les membres du Comité :* »

Suivent les signatures des quarante membres du Comité, précédées de celle de M. le baron Taylor.

.*.

Je ferme la parenthèse et je rentre dans mon dix-huitième siècle, le plus brillant, le plus sonore, le plus retentissant. J'y rentre en prononçant le nom d'une des illustrations du chant; Catherine-Nicole Lemaure, née à Paris en 1703 ou 1704.

Elle fut admise à l'Opéra en 1719, à l'âge de 15 ans, dans les chœurs. Fétis nous dit qu'elle débuta en 1724 par le rôle de Céphise de l'*Europe galante* et qu'elle quitta le théâtre en 1735. Il ajoute en note :

« Cette date est celle des anciens registres de l'O-péra ; celle de 1743 donnée par La Borde et copiée par tous les biographes est fausse. »

Ce sont les dates de Fétis qui sont fausses.

En effet Mlle Lemaure remplaça, le 15 avril 1723, Mlle Tulou dans le rôle d'Hippodamie de *Pirithoüs,* de Lasserre et Mouret, et y eut un très grand succès ; elle avait alors un peu plus de 18 ans.

Elle créait le 24 février 1735 un rôle dans *Achille et Déidamie* de Danchet et Campra, et, en 1742, le 10 avril, le rôle d'Isbé dans la *Pastorale* de ce nom, de La Rivière et Mondouville. Ce fut sa dernière création.

Je ne parlerai pas longuement du talent de Mlle Lemaure, la question sortant un peu de mon sujet ; mais comme il faut au moins justifier ses succès et sa fortune, puisqu'elle était laide, je crois devoir reproduire ce que La Borde dit de cette artiste :

« Jamais la nature n'a accordé un plus bel organe, de plus belles cadences et une manière de chanter plus imposante.

« Elle avait une noblesse incroyable sur le théâtre ; elle se pénétrait tellement de ce qu'elle devait dire qu'elle arrachait des larmes aux spectateurs les plus froids ; elle les animait et les transportait et quoi qu'elle ne fut ni jolie ni spirituelle, elle produisait les impressions les plus vives. »

On sait qu'elle était la protégée de Monseigneur Louis-Achille du Harlay, intendant de la généralité de Paris. Cet amateur somptueux de la belle musique commit pour notre artiste des prodigalités inouïes qui firent sensation, à l'Opéra même, où cependant on était habitué aux excentricités des amoureux millionnaires.

En 1735, elle avait quitté la scène au beau milieu de la représentation de *Jephté*, pour aller souper chez son protecteur. Condamnée à quelques jours de Fort l'Evêque, où elle se rendit dans un carrosse de gala, escortée par une foule de grands seigneurs, elle en sortit avant terme, à la requête de son directeur ; mais on lui demanda de chanter le soir même ; elle refusa net et jura qu'elle ne mettrait plus les pieds à l'Opéra.

Elle tint parole pendant près de trois ans.

Durant cette période de retraite, elle s'était logée au Marais, près du Temple, et fit la connaissance d'une dame Brigard de Lagarde, femme très pieuse, qui avait un fils dans les ordres. Notre abbé entreprit de convertir la cantatrice ; il la prêcha si bien et acquit sur elle un tel ascendant, qu'il réussit à la faire rentrer... à l'Opéra !

Ce beau résultat porta bonheur à l'abbé. Il devint l'ordonnateur en sous-ordre des fêtes intimes de Louis XV, avec une pension de 1,200 livres. La marquise de Pompadour le nomma son bibliothécaire, avec 2,000 livres de traitement, lui fit allouer une pension de 1,200 livres sur le *Mercure de France*, et l'informa de cette bonne aubaine en joignant à sa lettre un présent de 12,000 livres.

En 1771, le Lemaure avait alors soixante-sept ans, les entrepreneurs du Colysée lui offrirent 1,000 livres par soirée pour chanter deux morceaux. Elle en demanda 1,500 qui lui furent accordées. Son succès fut inouï ; ce que voyant la cantatrice éleva ses prétentions et fit si bien, qu'après deux ou trois concessions des directeurs, ceux-ci, la trouvant insatiable, la congédièrent.

Voici le cérémonial qui était observé pour la conduire au Colysée, d'après la note de Bachaumont. (T. V, page 338) :

« *31 Juillet 1771* : Un Suisse va la chercher à son appartement (lisez loge) tandis que d'autres font faire le passage et bordent la haie. Le premier la précède jusqu'à l'orchestre, un écuyer lui donne la main, elle a deux ou trois femmes de suite. On la reconduit de même. Le premier jour, cette muse du chant avait paru en couleur rose, cette fois-ci elle était en blanc. »

Selon d'autres historiens elle chanta pour rien et n'obtint aucun succès. Je crois qu'il faut s'en tenir à Bachaumont.

Elle était capricieuse comme le caprice lui-même. Un chroniqueur disait d'elle le 8 mai 1743 :

« Mlle Lemaure n'a pas chanté hier parce que Ricou, son friseur, n'était pas arrivé!

Le même historiographe écrivait, le 23 décembre 1744 :

« Le roi doit aller vendredi prochain à l'Opéra. On espère que certaines raisons qui empêchent trop souvent Mlle Lemaure de chanter n'existeront pas. »

Est-ce que vous croyez, ami lecteur, qu'un directeur tolérerait de pareilles fantaisies aujourd'hui, celle qui voudrait les avoir, fût-elle Adelina Patti ?

Les fortunes colossales des cantatrices étaient souvent dues aux libéralités désintéressées des financiers ou des grands seigneurs: c'est ainsi que le fastueux banquier Samuel Bernard envoya 1,000 livres à

Mlle Lemaure pour la remercier d'avoir bien voulu reprendre le rôle de Délie dans les *Fêtes grecques et romaines* de Fuzelier et Colin de Blamont, le jour où la jeune duchesse de Mirepoix vint, selon l'usage, saluer le public à l'Opéra.

Le même financier offrit *vingt-quatre mille livres* à la Sallé, qui avait consenti à danser devant la table de ses convives, à la noce du président Molé, son gendre.

...

En 1745, Mlle Lemaure, déjà âgée, ne se faisait plus entendre que pour ses amis, lorsque le surintendant de la Couronne vint lui demander de venir chanter à la Cour dans les spectacles donnés pour le mariage du Dauphin. L'artiste daigna y consentir, mais à la condition qu'un gentilhomme de la Chambre viendrait la prendre dans un carrosse du roi pour la conduire à Versailles !

Ce qu'il y a de plus extraordinaire, c'est que le roi subit cette exigence !

Nous conviendrons que les souverains modernes se montreraient moins accommodants, mais n'a-t-on pas vu plus d'une tête couronnée prendre pour épouse morganatique des reines de théâtre ?

La joie de Mlle Lemaure, qui était devenue baronne de Monbruel par son légitime mariage avec le baron de ce nom, et selon les *Mémoires secrets*, la femme de Montrose, chevalier de Saint-Louis, elle avait alors 50 ans, fut si grande quand elle se vit dans le carrosse du roi, qu'elle s'écria en mettant la tête à la portière :

« Mon Dieu, que je voudrais être à l'une de ces fenêtres pour me voir passer !...

Un de nos célèbres paroliers de vaudeville a placé le mot dans la bouche d'une de ses héroïnes :

> Je voudrais dans cet équipage
> Me voir passer.

Melesville a donc plagié Mlle Lemaure.

J'ai dit quelque part que l'histoire des grands mariages des cantatrices serait très curieuse à écrire, et que peut-être un jour ou l'autre j'entreprendrais cette tâche pour l'accomplissement de laquelle j'ai déjà recueilli bien des notes. Or, parmi les mariages les plus bizarres perpétrés par les cantatrices galantes du xviiie siècle, il faut citer celui de Mlle Lemaure avec le baron de Montbruel.

En m'aidant des relations, des indiscrétions trouvées çà et là, j'ai pu reconstruire l'histoire de cet hyménée et cette histoire la voici :

Comme tous les biographes l'ont constaté, Mlle Lemaure imposait ses caprices à son directeur, à la cour, au roi et même au public, ce qui est plus grave.

Pour un oui, pour un non, elle quittait la scène ou son amant, passant du prince au simple garde, d'un fermier général à un abbé sans bénéfice, ou refusant de chanter devant Sa Majesté parce que son friseur Ricou l'avait fait attendre.

Un soir, le 10 mars 1735, un vendredi, qui était, comme on sait, le grand jour de l'Opéra, le roi étant présent, au beau milieu de la représentation de *Jephté*, opéra en cinq actes, de Pellegrin et de Monteclair, elle quitta brusquement la scène et refusa d'y rentrer.

Quelle était la cause de cette incartade que personne ne s'expliquait ?

Eh ! mon Dieu, un caprice.

Au centre d'un groupe de seigneurs qui l'applaudissaient avec délire, elle avait aperçu un gentilhomme, tout jeune et très beau, qui, froid, impassible, promenait ses regards distraits et ennuyés dans la salle. Soudain, elle s'était sentie prise du désir immodéré de l'émouvoir.

Pendant que la scène et la salle sont en émoi, elle griffonne un billet, charge la coiffeuse de le faire parvenir à son adresse, et rentre chez elle pour y attendre son inconnu.

Attente vaine ! le beau gentilhomme fut introuvable.

En apprenant l'insuccès de sa démarche, la cantatrice brise quelques porcelaines, soufflette sa camériste, et jure qu'elle aura raison de cette indifférence.

Cependant, M. de Maurepas, secrétaire d'État de Paris, avait pris fort mal la sotte incivilité de la princesse, et on décida que la fille de Jephté, au lieu d'aller pleurer sa virginité sur la montagne, irait au For l'Évêque.

Des exempts se présentent ; mais le Suisse les renvoie chez M. Achille du Harlay, surintendant de la généralité de Paris, où la jeune et capricieuse chanteuse soupait. Nous avons dit que ce seigneur la protégeait.

En vrai chevalier français, son hôte fait atteler et la conduit lui-même dans son carrosse jusqu'à la prison, où il l'installe.

Cette incarcération ne faisait pas les affaires du directeur de l'Opéra, qui sollicite son élargissement. Il l'obtient à la condition que la coupable reparaîtra sur la scène le même jour.

La rebelle, une fois libre, se refuse de souscrire à cette clause et se met à la recherche de son inconnu. Mais elle ne rencontre qu'un jeune abbé, M. de La Garde, demeurant au Marais, chez sa mère. Nous avons dit ce qu'il en advint.

De 1737 à 1744, l'amoureuse prima donna continue ses recherches touchant son spectateur invisible, mais les continue en vain. Son caprice est devenu une passion.

C'est Vénus tout entière à sa proie attachée.

Voilà qu'un jour, en 1744, à Longchamps, où elle promenait son luxe à côté de celui de la Leduc, une figurante qui devait épouser le comte de Clermont, prince du sang royal, et qui l'épousa en effet, elle aperçoit enfin son gentilhomme. Aussitôt elle s'élance hors de son carrosse, mais elle s'accroche au marche-pied et tombe.

On s'empresse autour d'elle, on la relève, hélas !
pendant ce temps l'homme disparaît.

Dans son dépit, notre héroïne annonce sa retraite
définitive et quitte l'Opéra le soir même. En même
temps, loin d'abandonner ses projets, elle y persé-
vère, mais en les modifiant.

« Il ne sera pas mon amant, se dit-elle, il sera mon
mari et m'applaudira. »

A un an de là, sollicitée de chanter dans les spectacles donnés à l'occasion du mariage du dauphin,
elle consent à s'y rendre, pourvu qu'un gentilhomme
de la Chambre la vienne prendre et la conduise à
Versailles dans un carrosse du roi, ainsi que nous
l'avons raconté.

Ainsi fut fait.

Comme elle entrait dans la cour du palais, elle est
croisée par un seigneur de bonne mine.

O miracle, c'est *lui* !

— Quel est ce gentilhomme ? demande-t-elle cette
fois sans se déranger.

— M. le baron de Montbruel..... marié à une
femme charmante.

Ce soir-là, pour la première fois, Mlle Le Maure
chanta faux.

« Bast ! se dit-elle en rentrant, j'attendrai. »

Elle devait attendre dix-sept ans !

En 1762, elle apprend tout à coup que M. le baron
de Montbruel, veuf et ruiné, est arrivé à Paris.

« Cette fois, dit la Le Maure dont le caprice du-
rait depuis vingt-sept ans, il ne m'échappera point !»

Le même jour, elle voit son inconnu.

Que se passa-t-il? on ne l'a jamais su ; mais, trois semaines après, l'ex-académicienne, âgée de plus de cinquante ans, devenait baronne de Montbruel.

Neuf ans plus tard, cédant à de pressantes sollicitations, et au désir de se faire enfin applaudir par son mari, elle consent à chanter au Colysée. On lui fait une ovation, la salle croule sous les bravos ; seul son mari n'applaudit pas.

Elle n'en eut pas cependant le démenti. Au moment où le baron, plus jeune qu'elle, rendait le dernier soupir, l'an 1780, la baronne lui saisit les mains et les rapprocha l'une contre l'autre.

Les doigts se choquèrent deux ou trois fois de suite. Elle avait son bravo conjugal ; mais hélas ! c'était un bravo posthume. M. le baron de Montbruel était mort.

Au moment où nous corrigeons ces épreuves, le *Figaro* nous apprend un nouveau grand mariage d'actrice.

Mlle Mary Albert, qui a longtemps chanté sur la scène des Bouffes-Parisiens, doit épouser le mois prochain (juin 1882), M. le comte Van der Noot d'Assche, fils du marquis.

INTERMÈDE

Ce qui irrite les Joseph Prudhomme quand ils supputent ce que gagnent les chanteurs et les cantatrices modernes c'est que, disent-ils, la musique est un art de luxe inutile à la société, et que celui ou celle qui sont doués d'une belle voix ne le doivent qu'à la nature. Cette double appréciation est bête, mais laissons-la pour ce qu'elle vaut.

Pour être raisonnables et consciencieux, les frondeurs devraient se placer à un autre point de vue : celui de la charité.

En effet, combien de centaines de mille francs, de millions même sont versés dans la caisse des pauvres, soit directement par les artistes, soit indirectement par le concours qu'ils donnent aux œuvres de charité ?

J'ai cité, dans le chapitre précédent, un trait de générosité de Mlle Nilsson. J'aurais des volumes à écrire sur ce sujet, mais je dois être bref.

Par exemple, comment ne pas s'incliner devant mistress Billington qui, pour clore sa carrière artistique, donna un concert au profit des pauvres et leur abandonna les quatre-vingt mille livres qu'il produisit !

Les esprits mal intentionnés, et pour qui toute supériorité est un objet de haine et d'envie, prétendent que le riche n'a aucun mérite à donner puisqu'il ne s'impose aucune privation et ne s'appauvrit pas.

Ces gens-là considèrent l'aumône comme une obligation légale, la charité comme un devoir social dont il ne faut pas se montrer reconnaissant.

Ceux qui raisonnent ainsi, — et le nombre en est grand, — classent au nombre des généreux qui donnent sans s'appauvrir, les artistes en général et particulièrement les comédiens et les musiciens, chanteurs ou instrumentistes.

— Qu'est-ce que ça lui coûte ? son capital reste toujours ? disent-ils.

Nous protestons hautement, énergiquement contre cette singulière appréciation d'un service rendu.

Nous estimons que lorsque Mme Anna de Lagrange prêtait avec empressement le concours de son admirable talent dans une audition musicale au profit des cantines, en 1871, elle faisait autant et plus même que le banquier qui souscrivait pour cent francs pour cette même œuvre.

Mais cette heure qu'elle consacre à charmer les oreilles des auditeurs que son nom, sa réputation ont attirés, cette heure de sa vie c'est une partie d'elle-même.

Ce talent hors ligne dont elle dispose au profit du pauvre, cette voix charmante dont elle prodigue les accents, est-ce qu'elle les a eus là, tout de suite, du jour au lendemain, quand et comme elle a voulu ?

Et sa jeunesse passée dans des études arides !

Et les maîtres qu'elle a payés !

Et les épreuves qu'elle a subies !

Sa réputation d'artiste, est-ce qu'elle a été grande instantanément ?

Compte-t-on pour rien les inquiétudes, les soucis, les terreurs, les déceptions, les luttes et, parfois, la misère qu'elle a dû supporter ?

En vérité, c'est faire bien bon marché du dévouement de ces braves cœurs d'artistes que de dire : cela ne leur coûte rien.

Et d'ailleurs, qui peut assurer que cela ne lui coûtera rien à cette cantatrice qui accourt au premier appel de la Charité ?

Une voiture mal close, une pièce mal chauffée, une pluie malencontreuse, une porte entrebâillée, une trop grande chaleur, un refroidissement subit, tous ces riens, qui sont le plus souvent des accidents sans importance aucune pour le premier passant, peuvent avoir des conséquences terribles pour la chanteuse, pour la comédienne. Le rhume, la fluxion de poitrine, la laryngite, l'extinction de voix, la bronchite sont là, ennemies implacables, qui guettent la chanteuse, épient la comédienne. En moins d'une minute, cette lyre humaine peut être brisée à tout jamais !

Voyez Mme Mainvielle Fodor ! Voyez cette pauvre Falcon et la Malibran et tant d'autres qui sont mortes ou ont perdu leur voix, ce qui est la même chose, après s'être fait entendre pour quelque bonne œuvre !

L'artiste donne toujours et encore, et, quand elle a tout donné, elle recommence. Qui peut oublier Déjazet, Dorval, Rachel, Dupré, etc., sans compter les humbles dont on ignore les noms et qui, dans les coins les moins connus, sur des tréteaux, songent toujours aux malheureux !

Est-ce que nous n'avons pas aujourd'hui l'institution de *l'orphelinat des Arts*, fondé par un groupe de femmes, artistes de premier ordre ?

Les œuvres de charité créées ou alimentées, grâce au talent ou à la bourse des artistes dramatiques et lyriques, sont innombrables, et vraiment c'est se montrer ingrat que de reprocher à quelques-uns et à quelques-unes les millions qu'ils ont pu gagner dans leur vie souvent si courte et toujours si éprouvée!

N'avons-nous pas vu à Paris, pendant cette sinistre guerre franco-prussienne, les artistes se prodiguer avec un dévouement sans bornes ?

Chanter pour les blessés, jouer un rôle pour les pauvres, c'était travailler encore à la défense de la patrie.

⁂

Tous les théâtres ont été représentés dans cette œuvre secourable des artistes.

La blonde Mlle Priola, que ses débuts brillants au Théâtre-Lyrique firent entrer à l'Opéra-Comique, fut une des premières à dire : me voici. Le doux *Messager de Paix* chantait au profit des victimes de la guerre.

La pauvre enfant a été tuée par le coup de sifflet

d'un brutal Marseillais qui, lui aussi, sans doute, trouvait que la vaillante artiste gagnait trop d'argent, 36,000 francs, croyons-nous.

Mlle Antoinette Arnaud, jeune et jolie pensionnaire de l'Opéra, aujourd'hui mariée à un capitaine d'infanterie, qui obtint des bravos dans le rôle de *Don Juan*, après Mme Carvalho, Mlle Arnaud se prodigua.

Mme Gueymard, à la fin des représentations auxquelles elle participait à l'Opéra pendant le siège, abandonnait sa part de bénéfices aux employés besoigneux de son théâtre.

Voici Mlle Hisson, dont le concours n'a jamais manqué, et qui reçut chez elle, pour le soigner, un mobile blessé de Villejuif.

Puis Mlle Caillot, digne sœur du pauvre baryton de l'Athénée, aujourd'hui mort, une adorable Gertrude pour le *Maître de Chapelle*.

Et Mme Marie-Laurent, un écho de cette pauvre Marie Dorval !

Et Mlle Duguerret, si énergiquement drapée dans le drapeau de la *Liberté*.

Et Mlle Seveste, la gentille enfant, qui devait voir tomber, victime de son courage, son excellent et estimable frère.

Saluons encore Mlle Marie-Rose, qui, ne croyant pas avoir suffisamment payé sa dette à la patrie en fondant une ambulance, chantait pour les pauvres.

Et MM^{mes} Brohan, Augustine et Madeleine, que je cite sans ajouter une épithète à leur nom célèbre.

Et la blonde et poétique Mlle Reichemberg, un cœur d'or et un visage d'ange.

Et, pour ne pas quitter la Comédie-Française, MM^mes Lloyd, si consciencieuse; Jouassin, la dernière duègne sérieuse; Émilie Dubois avec ses grâces adorables; Édile Riquier, une belle diseuse; Croizette, une charmeuse.

Et encore, mais ailleurs, MM^mes Daudoird, Legrand, Morio, Banderalli, Massin, Magnier, et tant d'autres dont les noms ne viennent pas en ce moment sous ma plume, mais qui n'en ont pas moins droit à la reconnaissance publique.

Dites-moi, dénigreurs, frondeurs, avez-vous fait autant que ces braves cœurs? Quelle somme d'aumônes versez-vous à la caisse des pauvres chaque année ? Croyez-moi, soyez plus indulgents, et quand un blâme vous viendra aux lèvres, à propos des prodigalités d'une artiste, dites-vous que si elle jette parfois l'argent par les fenêtres elle en verse aussi dans l'aumônière de la quêteuse qui lui vient dire : Pour les pauvres, s'il vous plaît !

Quant à moi qui dans ma longue carrière de journaliste ai vu les artistes à l'œuvre, remplissant avec empressement avec bonheur, cette tâche sublime : venir en aide aux pauvres, je me découvre et salue !

Mais nous nous sommes laissé entraîner hors des limites de notre sujet, hâtons-nous d'y rentrer, persuadé toutefois, que le lecteur nous pardonnera ce changement de ton et qu'il n'y trouvera pas la dissonnance trop grande.

CHAPITRE XI

Ce merveilleux dix-huitième siècle a été si fécond pour les arts, que je suis contraint de m'y attarder, en passant les monts, pour la troisième ou la quatrième fois.

Un nom, illustre entre tous, frappe mes oreilles comme un point d'orgue : Cafarelli! Quelle note retentissante dans l'histoire du chant! que de pages bourrées d'anecdotes piquantes elle nous fournirait, si nous pouvions sortir de notre programme : Ce qu'on gagne à chanter!

Cafarelli n'est comme on sait qu'un surnom. Fils d'un laboureur de Bari (royaume de Naples), l'artiste s'appelait Morajano Gaëtan et ce fut par reconnaissance pour son maître Caffaro qu'il se donna le nom qu'il a immortalisé!

Soprano artificiel, Cafarelli débuta dans un rôle de

femme au théâtre Valle à Rome, en 1724. Ses appointements étaient médiocres, environ 2,000 livres (à peu près 6,000 francs de notre monnaie actuelle); mais la générosité des belles patriciennes apportait de magnifiques compensations au *primo uomo*.

Ce fut à Londres que sa fortune commença réellement de prendre son essor.

Les historiens anglais font un récit pompeux de ses succès qui se continuèrent par un *crescendo* formidable à Turin, à Gênes, à Milan, à Florence et à Venise. L'accueil qu'il reçut à Naples, en 1730, tint du délire.

Lorsqu'il retourna dans cette dernière ville, en 1740, il traita aux conditions magnifiques suivantes : huit cents sequins *neufs*, soit neuf mille six cents livres, plus une représentation à bénéfice, estimée à sept cents sequins : en tout seize mille livres, représentant aujourd'hui *quarante-cinq mille francs*. Pour cette somme il devait chanter trois fois par semaine, pendant trois mois, soit trente-six représentations, c'est-à-dire près de 1,300 francs par cachet ; si bien qu'en six semaines Cafarelli recevait autant et plus qu'en un an, cette merveilleuse cantatrice, si justement regrettée, comme femme et comme cantatrice, et qui s'appelait Caroline Duprez.

Pendant son séjour dans leur ville, les belles Napolitaines envoyèrent au chanteur une telle quantité de bijoux, de pièces de vaisselle d'or et d'argent qu'il aurait pu ouvrir un magasin d'orfèvrerie, dit un de ses biographes.

Il était pétri d'orgueil. Venu en France en 1758 et admis à chanter devant le Roi, au Concert spirituel, il reçut le lendemain une bourse de cent jetons d'argent et une magnifique boîte d'or.

— Comment, s'écria-t-il dédaigneusement, le roi m'envoie cette boîte ! Mais j'en ai cinquante dans mes tiroirs dont la moindre vaut mieux que celle-là ! Si elle était ornée du portrait de Sa Majesté, passe encore !

— Monsieur, répondit l'envoyé du Roi, avec hauteur, Sa Majesté ne donne son portrait qu'aux ambassadeurs.

— Eh bien, riposta le vaniteux, avec emphase, que le Roi fasse chanter les ambassadeurs !

Bien entendu notre homme garda bourse et boîte. Louis XV rit du propos, mais la Dauphine en fut blessée. Elle manda le chanteur et, lui remettant avec un diamant de prix une nouvelle bourse et un passeport : « Il est signé de Sa Majesté, dit-elle, et c'est pour vous un grand honneur, mais il n'est valable que pour dix jours... hâtez-vous donc ! »

C'était un ordre de départ tout net.

Cafarelli se le tint pour dit, et il quitta la France, se plaignant amèrement de n'y avoir point fait ses frais.

Ce n'était pas cependant les égards qui lui manquaient, car il est à noter que, pendant son séjour à Versailles, l'intraitable soprano avait une table de six couverts au Palais, un carrosse, six domestiques à ses ordres, c'est-à-dire tout autant que le confesseur du Roi, Sa Majesté quinzième du nom !

On parle beaucoup de la vanité de certains chanteurs modernes, mais trouverait-on un ténor ou un baryton capable de commettre une pareille impertinence à propos d'argent ?

*
* *

Nous le voyons rentrer en Italie à l'âge de 48 ans. Il était si riche alors qu'il pût s'acheter un duché et prendre le titre de duc de Sarto Dovato. Il se fit construire un palais splendide et ordonna de graver sur le fronton cette inscription prétentieuse :

Amphion Thebas, ego domum :

ce qui signifie : Amphion a reconstruit Thèbes, et moi j'ai élevé ce palais.

Un passant écrivit un jour au-dessous cette épigramme *ad hominem :*

Ille cum, sine tu,

quatre mots qu'il nous est impossible de traduire. Lorsqu'il mourut en 1783, il laissa à son neveu, non compris son duché et son palais tout rempli de richesses artistiques, un revenu net de quatorze mille ducats, ce qui équivaudrait aujourd'hui à plus de cent mille francs de rentes.

Et dire que l'on a presque crié au scandale quand M. Morère a acheté son hôtel du Parc-aux-Princes en 1868 ; de même quand Mlle Gabrielle Méry, en art Gabrielle Moisset, paya en 1868, 300,000 francs un terrain qu'elle avait acheté avenue de l'Impératrice !

Qu'on n'oublie pas ce qu'était Cafarelli pour apprécier l'enthousiasme des femmes, enthousiasme énigmatique qui a fait dire à un chroniqueur du temps, à propos de la protection qu'une belle Milanaise accordait au chanteur :

— Est-ce tout à fait vrai ?

*
* *

J'ai parlé de l'enthousiasme des Milanais pour Cafarelli ; qu'il me soit permis de faire remarquer que l'amour de la musique est resté une tradition à Milan. Voici quelques chiffres à l'appui : En 1868 ou 69, les artistes engagés pour la saison (trois mois), au théâtre de la Scala, étaient traités comme suit :

Marie Sass, 38,000 francs en or ; la Blume, 18,000 francs ; la Frédérici, 7,500, le ténor Villani, 27,000 en or, plus 6,000 francs qu'on a payés à *l'impresario* de la *Fenice* de Venise pour la cession de cet artiste ; Zaccometti, 17,000 francs ; Iginio Corsi, 4,500 francs ; Storti, baryton, 8,000 francs ; Maurel, (débutant) 3,500 francs ; il en gagne aujourd'hui 10,000, mais ne joue que cinq mois ; Médinel, 7,500. Ces chiffres, bien qu'élevés, sont loin encore de ceux que nous avons cités tout à l'heure ; le passé écrase le présent.

*
* *

Ne sortons pas d'Italie et parlons de la fortune princière de la Bastardina, dont le véritable nom était Auguiari Lucréce.

On sait qu'elle était la fille naturelle d'un très grand seigneur de Ferrare : de là son surnom de *petite bâtarde*. Élevée au couvent, elle débuta à Florence, en 1764, à l'âge de 21 ans. Son début fut un triomphe.

Je cite Mozart :

« Il est difficile de croire qu'il y ait jamais eu dans le monde une voix aussi riche, au grave comme à l'aigu. Dans sa partie élevée, une octave succédait à l'*ut* posé sur la seconde ligne additionnelle (clé de violon) — borne très satisfaisante des sopranes. »

En 1774, les propriétaires du Panthéon de Londres l'engagèrent à raison de cent livres sterling (2,500 fr.) par soirée, pour deux morceaux seulement. Si elle était bissée, ou si elle chantait un troisième morceau, elle recevait en plus 50 livres sterling ; soit au total 3,750 francs, qui, aujourd'hui, représenteraient au bas mot 9,000 francs.

Or, MM^{mes} Patti et Nilsson ne recevaient dernièrement que 5,000 francs par soirée à Londres, et cela a paru excessif. En 1868, Mme Gueymard, engagée à Madrid pour deux mois et chantant trois ou quatre fois par semaine, recevait seulement 20,000 francs par mois, c'est-à-dire, 1,300 francs par représentation.

*
* *

Il me souvient que la presse fit grand bruit, en 1856, de l'engagement de Mme Lagrua à Buénos-Ayres à raison de 30,000 francs par mois, pour chanter dix fois. C'était donc à peine le tiers de ce que touchait la Bastardina. Un soir, après avoir interprété avec un succès énorme l'air de *Lucré-*

çia, Mme Lagrua vit entrer dans sa loge plusieurs hommes du meilleur monde : Madame, lui dit l'un d'eux, que voulez-vous de nous ? Nous sommes à votre disposition, nous et la loge entière.

— Pardon, mais je ne vous comprends pas ; je n'ai besoin de rien et ma loge me suffit.

— Cependant, vous nous avez appelés ?

— Moi ?

— Certainement ; vous avez fait le signe de détresse ?

— Quel signe de détresse ?

— Le signe maçonnique et nous voilà.

Sans s'en douter, Lucrezia avait, en chantant, exécuté le signe par lequel un affilié franc-maçon adresse à ses frères un appel suprême !

.*.

A trente-sept ans la Bastardina épousa Colla, maître de chapelle et auteur de tous les ouvrages qui avaient permis à la cantatrice d'établir sa renommée : *Didone abbandonata, Enea in Cartagine, Tolomméo,* etc. Elle lui apporta en dot trente mille livres de rentes. Comme trente mille livres de revenu en 1780 représenteraient cent mille francs en 1881, il s'en suit qu'en seize ans la Bastardinella avait pu économiser et placer deux millions, à cinq pour cent !

Un détail sur *Didone abbandonata :* Le sujet si dramatiquement traité par Metastase a été mis en musique quarante fois ; la première en 1641 par Cavalli, la quarantième fois par Mercadente, en 1823.

Voici un fait tout récent qui vient confirmer ma thèse. On sait que pendant des années M. Ambroise Thomas a cherché une cantatrice hors ligne pour créer Françoise de Rimini. Cette étoile est aujourd'hui trouvée, c'est Mlle Salla.

Son engagement commencera au 1er janvier 1882; elle ne jouera aucun ouvrage avant le nouvel opéra de M. Ambroise Thomas.

Mlle Salla ne touchera que 10,000 francs par mois à Paris.

Il est vrai qu'elle en recevait 25,000 à Saint-Pétersbourg, mais même à ce taux les émoluments de Mlle Salla n'atteindraient pas ceux de la Mingotti.

.˙.

La Mingotti était attachée à la cour de Dresde et, tant que vécut le roi, elle y jouit non seulement d'un traitement égal à celui d'un général, mais d'une considération toute particulière. Elle chantait et parlait le français, l'allemand, l'anglais, l'espagnol et l'italien, ce qui lui permettait d'aborder tous les répertoires et lui rapportait des écus d'or de tous les pays.

Oh! messieurs les critiques qui trouvez ridicule qu'on offre six mille francs à la Patti pour une soirée, somme qu'elle a touchée le 27 janvier 1868, à Hombourg, que direz-vous quand vous saurez que la Mingotti (Regina Valentini) a demandé et reçu, en 1750, dix mille livres pour chanter *un* air chez une princesse espagnole !

Cette princesse était grosse et elle avait une irrésistible envie d'entendre chanter la Mingotti, alors mariée au vieux Mingotti, avare comme dix Harpagon et jaloux comme autant d'Othello ; on sait que ces envies sont sacrées en Espagne et qu'on fait le possible et l'impossible pour y satisfaire : les jeunes femmes en abusent même, à ce que prétendent les mauvaises langues.

Quoi qu'il en soit, l'artiste, sollicitée par le prince de venir se faire entendre dans la chambre à coucher de la jeune femme, n'eût pas mieux demandé, mais Mingotti d'une part exigeait des sommes ridicules et, d'autre part, Fannelli, impresario de la Mingotti, refusait son consentement.

De guerre lasse, on fut forcé de faire intervenir le roi et il fallut un ordre de S. M. Catholique pour que le jaloux impresario laissât chanter sa pensionnaire.

On ne dit pas si l'enfant devint célèbre comme virtuose.

En 1868, une riche bourgeoise de Londres, Mme Ralli, eut la fantaisie de mettre en présence Rosine et Ophélie, la Patti et la Nilsson. Les honneurs de la soirée furent pour celle-ci et ils ne coûtèrent pas moins de 6,000 francs. On voit que la fantaisie de la bourgeoise anglaise fut trois fois moins coûteuse que l'envie de la grande dame espagnole.

Le directeur de la Mingotti mettait tant de prix à sa voix que non seulement il ne permettait pas qu'elle chantât ailleurs qu'à la cour, mais encore, il ne voulait pas qu'elle étudiât dans une chambre d'où elle pût être entendue de la rue ! Nous ne voyons de pendant à ces prétentions que celles de ce restaurateur légendaire exigeant une redevance du pauvre diable mangeant son pain au fumet de ses fourneaux. La Mingotti avait été pensionnaire des Ursulines de Graetz, en Silésie.

Je citerai en passant Mme Saint-Huberti, c'est-à-dire Antoinette-Cécile Clavet, la favorite de Gluck qui, elle aussi, devint fort riche après avoir été si pauvre, si pauvre que ses bonnes amies l'avaient baptisée Mlle de la Ressource.

— Vous avez raison, leur dit Gluck : cette fille là sera la ressource de l'Opéra.

Louis XV lui fit accorder une pension de 1,500 livres sur l'État et y ajouta une pension de 500 livres sur la cassette.

Le roi de France lui conféra le collier de Saint-Michel.

Je sais bien que M. Jules Ferry, ministre de l'instruction publique, a conféré les palmes académiques à Mme Krauss; mais le ruban d'officier d'académie n'est pas positivement le collier de Saint-Michel et entre M. Jules Ferry et le roi de France il existe une certaine différence !

.*.

A propos de la Saint-Huberti, je donnerai une idée de l'enthousiasme qu'elle provoquait par un extrait du récit des fêtes qui lui furent offertes à Marseille en 1785, le 15 août.

« Vêtue à la grecque ce jour-là, Mme de Saint-Huberti est arrivée par mer sur une très belle gondole, portant le pavillon de Marseille, armée de huit rameurs et marchant à la voile. Près du lieu du rendez-vous, elle s'est trouvée accostée par deux cents chaloupes, flotille chargée de monde accouru pour voir la fête et plus encore celle que l'on fêtait. Elle a pris terre au bruit d'une salve de boîtes et des acclamations du peuple. Un moment après elle a repris la mer afin de jouir du spectacle d'une joute. Le vainqueur est venu lui apporter la couronne et l'a de nouveau reçue de ses mains avec le prix de son triomphe. On a voulu donner à la virtuose le divertissement d'une pêche dans un immense filet qu'on n'a jamais pu tirer à cause de l'affluence incroyable du populaire.

» A la sortie de la gondole, une seconde salve d'artillerie a tonné; le peuple est venu danser au son des galoubets, des tambourins autour de la reine de la fête qui, se reposant à la turque sur un divan, recevait les hommages de toute l'assistance. On l'a conduite après, à travers une haie de pavillons illuminés, dans une maison de plaisance voisine. Elle est entrée sous une tente, où s'élevait un petit théâtre rustique. On y joua un intermède allégorique, écrit en l'honneur de cette divinité d'Opéra, par un poète provençal, pièce très bien versifiée et remplie, malgré la trivialité du sujet, de traits piquants et de pensées ingénieuses.

» Pendant le bal qui suivit, Mme de Saint-Huberti fut placée sur une estrade entre Melpomène et Polymnie, deux muses de l'intermède. Ensuite illuminations au dedans, au dehors : Enfin un splendide souper de soixante couverts, dressé dans une salle ouverte de tous côtés ou plutôt fermée uniquement, selon l'usage du pays, par une grille en bois, à travers laquelle toute la réunion s'empressait d'admirer l'héroïne. Sur la fin du repas on a chanté, la galerie a fait chorus : vous pensez que Mme de Saint-Huberti n'a pas été oubliée dans ces couplets. Elle a répondu par quelques refrains en langue provençale. On a porté la santé de la virtuose ; les *vivat* répétés, prolongés, une salve générale de l'artillerie ont terminé la fête. »

Voilà les ovations faites à Mme Sarah Bernhardt et à La Patti dépassées.

CHAPITRE XII

Au nombre des grandes cantatrices dont la fortune
égala le talent, s'il ne le dépassa, je ne dois pas oublier Mlle de Fel, une ennemie intime de Sophie
Arnould.

Marie de Fel était née à Bordeaux en 1716; elle
était fille de l'organiste de la cathédrale de cette ville.

Elle fit son début en 1733, à l'âge de 17 ans, dans
le ballet des *Éléments*, de Galande et Destouches,
dont, par parenthèse, le roi Louis XV dansa et mima
un rôle, aux Tuileries, le 22 décembre 1721.

Sa voix était belle, étendue, sonore en tous ses de-
grés; elle possédait de solides connaissances en musique. Elle prononçait avec une égale pureté le latin,
l'italien, l'espagnol et le français, sans parler du pa-
tois gascon.

Elle était élève de Mme Carle Vanloo, sœur du violoniste Somis et elle-même virtuose de grand talent.

A son entrée à l'Opéra, son traitement fut fixé à 400 livres, puis à 800 en 1736 et à 2,000 en 1740, plus 100 livres de pain et de vin, qui furent portées à 400 en 1749, dix ans avant sa retraite. Elle était demoiselle.

En dehors de son traitement à l'Opéra, elle recevait dix mille livres comme chanteuse au concert spirituel, dont pendant trente-sept ans elle fut la gloire.

Sa conduite n'était pas positivement exemplaire, mais, un beau jour, elle voulut prendre le ton sévère d'une prude et faire des remontrances à Sophie Arnould.

Pour toute réponse, la spirituelle et mordante Sophie lui jeta à la face ce seul mot : Pénélope!

Le mot était dur, mais était-il mérité? C'est ici sur quoi je ne me prononcerai pas, la question n'étant pas de mon ressort.

**

Des artistes millionnaires! mais l'histoire du chant en est pleine, comme l'histoire de l'armée française est pleine de héros. Les noms se pressent sous ma plume : Farinelli, la Mara, la Gabrielli, Guadagni, la Georgina, la Margaritana, la Marchésina, sans citer Felipo Vitelio, ténor florentin (1637), Mario Savioni, de Rome (1642), Antonio Cesti, Teofilo Gargana, etc..., tous artistes, dont Hawkin raconte les succès dans son remarquable ouvrage déjà cité par nous, et que les

historiens de la musique feront bien de consulter,
comme nous l'avons fait, à la Bibliothèque nationale.
Je ne saurais m'occuper de toute cette phalange de
virtuoses, j'en prendrai quatre parmi les plus célèbres.

Par ordre de date je commence par la Chocetta, dite
Gabrielli, ou si vous l'aimez mieux, la Gabrielli,
fille d'un cuisinier du prince Gabrielli (1730). Douée
d'une voix merveilleuse et d'une beauté ravissante,
elle eut toute jeune encore, comme cantatrice, des
succès extraordinaires. Grands seigneurs, souverains
même se disputaient l'honneur de l'enrichir. Généreuse, prodigue, elle donnait sans compter.

— Tu donnes trop, lui disait sa sœur très économe.

— *Por quel che mi costa,* répondait-elle en riant.

Un jour elle fut mise en prison par ordre du roi
de Sicile qu'elle avait offensé. Sa captivité dura
douze jours pendant lesquels elle donna des repas
somptueux, paya les dettes des prisonniers et fit distribuer des sommes énormes aux pauvres qui lui formèrent à sa sortie un cortège bizarre, mais enthou-
siaste. L'Infant don Philippe (un bossu) en devient
éperdùment amoureux à Parme. Il la comble de présents mais il l'enferme. Elle s'échappe, en séduisant
son geôlier, et arrive en Russie à la cour de Catherine II.

— Combien demandez-vous, lui dit la souveraine,
pour avoir chanté à ma cour?

— Cinq mille ducats, répond la virtuose.

— Mais mes maréchaux ne sont pas payés sur ce
taux-là.

— Eh bien ! que Votre Majesté fasse chanter ses maréchaux !

Cette impertinence est attribuée à plusieurs artistes, entre autres à Cafarelli, nous l'avons dit ; mais il paraît qu'il faut la restituer à la Gabrielli.

A Milan, les dilettantes populaires s'étaient partagés en deux camps et se battaient dans les rues pour elle. Elle se retira du théâtre à quarante-sept ans, avec un revenu de vingt-quatre mille livres, après avoir, dit-elle, dépensé cinq fois le capital de cette rente. Sa garde-robe, ses bijoux et sa vaisselle d'or et d'argent valaient plusieurs centaines de mille livres.

..

Après la prima donna, le soprano Farinelli, dont le véritable nom était Carlo Brochi. Il était doué comme pas un peut-être. Certaine princesse, l'entendant un soir à Rome, s'écria, dans un accès de délire : « Il n'y a qu'un Dieu et qu'un Farinelli. » Rappelons, en passant, que, soixante ans plus tard, une princesse royale de France, passionnément éprise du chant de Cochereau, de l'Opéra, s'écria tout haut : « Ah ! mon cher Cochereau ! »

Le lendemain la princesse était mise au couvent.

Revenons à Farinelli. L'empereur Charles VI prenait plaisir à l'accompagner au clavecin, et les plus grandes dames considéraient comme un honneur de lui rendre le même service.

En 1734, Haëndel, directeur du théâtre de Hay-Market, était en déficit de dix-neuf mille livres sterling, c'est-à-dire de quatre cent soixante-quinze mille francs. Il prie Farinelli de lui prêter son concours, et au bout de quelques mois la perte est comblée. A cette époque, Farinelli était déjà à peu près millionnaire.

La princesse royale eut un jour la grâce de l'accompagner au clavecin, au palais de Saint-James, après quoi le prince de Galles lui offrit une tabatière d'or enrichie de diamants et bourrée de billets de banque, en guise de tabac. Ce fut alors à la Cour, une rage, un délire ; et, bien qu'il ne touchât que quinze cents livres sterling par saison, au bout de trois hivers il avait reçu près de quatre cent mille francs. Voilà qui fait pâlir les quinze cents francs que Naudin touchait en 1868, et même les cent vingt mille francs de Mario.

Pour avoir chanté une fois dans les appartements de Louis XV, le roi lui fit don de son portrait, entouré de diamants, et d'une bourse de cinq cents louis.

En 1737, Farinelli était plus puissant à la cour de Philippe V que tous les ministres ; il était parvenu à sauver le roi d'Espagne de sa sombre mélancolie. Pour avoir obtenu que le roi d'Espagne se fît faire la barbe, Elisabeth de Ferrare lui assura un traitement annuel de cinquante mille livres. Déjà, le jour où le roi s'était présenté rasé devant la reine, celle-ci avait fait le chanteur chevalier de l'ordre d'Alcatara et lui en avait elle-même attaché les insignes sur la poitrine.

Farinelli conserva sa puissance sous Ferdinand VI, qui avait succédé à Philippe V; mais à l'avènement de Charles III, il lui fut enjoint de quitter l'Espagne, sous la promesse que son traitement lui serait continué, s'il se fixait à Bologne. Farinelli accepta. Son palais, situé à quelques milles de la ville, était tenu sur un pied vraiment royal. Quand il mourut, il laissa plusieurs millions à ses collatéraux.

Un ténor moderne a dit un jour, dans une heure de satisfaction : « Avec une belle voix et de l'audace, on arrive à tout. » Cela est bien possible ; mais nous doutons fort que celui qui a formulé cette prétention puisse jamais la justifier comme Gaëtan Guadagni, et non Guadagny, comme l'écrit Castil-Blaze. Il débuta en 1747, au théâtre de Parme, à l'âge de vingt-cinq ans. Sa voix de contralto produisit un effet immense et commença sa fortune.

Après avoir obtenu de grands succès aux concerts spirituels de Paris et à la Cour de Versailles, il revint à Vienne, puis à Venise, dont il enthousiasma le public. L'impression qu'il produisit un soir en chantant un air de sa composition, intercalé dans l'*Orfeo* de Bertoni, fut si grande, que le lendemain il reçut le titre de chevalier de Saint-Marc.

L'électrice de Saxe, l'ayant entendu, en 1770, au théâtre de Vérone, fut si charmée qu'elle l'emmena à Dresde, où, pendant plusieurs années, il jouit de toutes les faveurs du souverain. En 1776, Guadagni ssa en Prusse et chanta devant le roi. Le grand Frédéric, enthousiasmé, lui fit présent d'une magnifique tabatière d'or enrichie de diamants, la plus belle qu'il eût jamais donnée, y compris celle que reçut de lui Voltaire, ce courtisan éhonté de l'implacable ennemi de la France.

Après trente ans de triomphes, Guadagni se retira à Padoue, et, bien qu'il fût riche à millions, s'engagea comme chantre à l'église Saint-Antoine, ce qui y attirait une foule immense de fidèles.

Fréron s'occupe de Guadagni dans sa 40° lettre et voici ce qu'il en dit :

« Le sieur Guadagny ayant refusé de chanter à la table du doge, ayant même répondu et parlé avec beaucoup de hauteur, a été condamné à une prison de quinze jours, les fers aux pieds, et a été ensuite exilé. Une garde de soldats l'a conduit auparavant jusqu'à la chambre du trône en le faisant passer par la grande place qui était remplie de masques et après avoir chanté devant la seigneurie, il a demandé à genoux et obtenu son pardon. Tout le monde a été attendri et touché de la façon avec laquelle il a chanté à travers les pleurs et les sanglots. Comme le cygne qui ne chante, dit-on, jamais mieux que lorsqu'il est près de la mort. Quoi qu'il en soit, c'est ainsi que dans tous les pays on devrait punir les chanteurs et histrions insolents. » (Janvier 1766).

Quelques naïfs ont inféré de cette anecdote que Guadagni avait en effet subi ce mauvais traitement. Rien n'est moins vrai. Le récit est apocryphe. Fréron l'avait inventé pour faire allusion aux caprices de Sophie Arnould.

Plus généreux qu'un roi, Guadagni se plaisait à faire des largesses aux seigneurs ruinés. On raconte qu'un jour, comme il donnait à un marquis sans marquisat, une bourse de trois cents sequins, son obligé, aussi orgueilleux que maladroit, lui dit, avec une dignité grotesque : Je vous emprunte cette somme.

— Si je voulais qu'elle me fût rendue, répondit fièrement le chanteur, je ne vous la prêterais pas.

La riposte était dure et rabaissait le bienfaiteur en humiliant l'obligé.

Guadagni, qui mourut en 1797, à l'âge de soixante-quinze ans, laissa une fortune colossale auprès de laquelle celle du plus riche virtuose moderne ne compterait pas.

*
* *

La vie de la Mara commença, dit-on, par le martyre, continua par le triomphe et se termina par la misère.

Elle naquit le 3 janvier 1744, à Castel. Sa mère étant morte quelque temps après l'avoir mise au monde, elle resta à la charge de son père, le nommé Schmœling, musicien médiocre, obligé de sortir tout le jour pour gagner sa vie. Selon les uns, ce fut un misérable qui tortura sa fille ; selon les autres ce fut un père dévoué qui se sacrifia pour l'enfant. N'insistons pas et admettons la seconde version de préférence à la première, pour l'honneur de l'humanité.

Quoi qu'il en soit, son père s'aperçut un jour (elle avait quatre ans) qu'elle était déjà habile à manier l'archet. A partir de ce moment il lui donna des leçons dont elle profita à miracle. Comme violoniste sa réputation fut d'abord immense et elle devint colossale quand l'instrumentiste se fit connaître comme cantatrice. L'enfant rapportait à son père des sommes énormes.

Le roi de Prusse, qui d'abord n'avait pas voulu l'entendre, finit par se l'attacher à rais... de 12,500 livres par an (1761), ce qui ne l'empêchait pas de chanter dans les concerts; mais, exaspérée par le despotisme de Frédéric, elle s'enfuit de Potsdam et passa en Angleterre où elle refusa de chanter six fois pour 2,500 livres sterling, soit soixante-deux mille cinq cents livres, ce qui mettait le cachet à dix mille quatre cents livres ! Il y a de cela cent vingt ans.

Quels chiffres modernes sont à opposer à ceux-là, y compris les sommes que touche aujourd'hui la Patti. En 1868, la diva Marietta Alboni ne recevait que 3,000 livres par concert de M. Strakosch pour interpréter la première partie de la Messe de Rossini.

En pleine prospérité, la Mara, dans une heure de folie, malgré le roi de Prusse et malgré tout le monde, qui lui prédisait un avenir douloureux, elle épousa le violoniste Mara ; six mois après le drôle battait sa femme et la ruinait.

La Mara eut des succès étourdissants à Londres, à Vienne et à Venise. Sa représentation d'adieu dan cette dernière ville lui rapporta vingt-sept mille livres en argent et trente mille livres en bijoux.

La Mara vint à Paris et chanta au concert spirituel à raison de 240 livres par séance seulement, mais elle était comblée de présents. Ce fut alors que se formèrent à Paris les deux partis connus sous les noms de Maratistes et Todistes.

La Todi était Espagnole et son talent la mettait au premier rang. Legros avait pris en 1782 la direction du concert spirituel, et pour passionner la foule il mit en présence la Todi et la Mara. On ne sait trop comment cette querelle aurait fini et déjà l'on entrevoyait des scènes violentes entre les chevaliers de chacune des deux cantatrices, lorsqu'un dilettante éclectique fit circuler un jour parmi les auditeurs le madrigal suivant :

> Todi par sa voix touchante,
> De doux pleurs, mouille nos yeux ;
> Mara, plus vive et plus brillante,
> M'étonne et me transporte aux cieux.
> L'une ravit et l'autre enchante ;
> Mais celle qui plaît le mieux
> Est toujours celle qui chante.

Ce compliment à double détente mit fin à la lutte ; les deux cantatrices s'embrassèrent aux applaudissements enthousiastes de toute la salle. On leur fit une ovation des plus chaleureuses.

Un soir que la Todi avait chanté à Saint-Pétersbourg l'*Armide* de Sarti, l'impératrice fut si enthousiasmée qu'elle lui envoya le lendemain un collier de diamants de cent mille livres !

Comme la plupart de ses devancières, la Mara ignorait l'économie, si bien qu'elle mourut pauvre et aurait terminé ses jours dans la misère sans la sollicitude de quelques amis qui adoucirent ses derniers moments. La pauvre femme s'éteignit en 1833, en essayant encore de chanter ! De nos jours, les grandes cantatrices sont plus prévoyantes ; il n'y a plus guère de cigales.

CHAPITRE XIII

J'ai déjà parlé de Hawkins et de son *Histoire de la musique*. J'y puise un dernier renseignement pour faire connaître un ténor dont le nom est assez généralement ignoré des Français, bien que ce soit celui d'un des premiers chanteurs qu'ait produits l'Angleterre : Jean Braham, né à Londres en 1774, mort en 1856 et non en 1835, comme le dit Fétis, dans sa première édition de son *Histoire des musiciens*.

Il débuta, étant à peine pubère, en chantant les airs de bravoure écrits pour la Mara ! Il était payé royalement. Ses concerts de Paris (1800) firent fureur, bien que le prix des places eût été fixé à 12 livres ! En 1807, il traita avec le directeur du théâtre de Dresde, une première fois, à raison de 50,000 livres de France, pour quinze représentations ; une seconde fois, à raison de 125,000 pour trente-six soirées. Il ne devait chanter que deux airs ; c'était donc 1750 fr. par air et 3,500 fr. par soirée, cinq cents francs de plus que l'incomparable Marietta Alboni ne recevait, comme je l'ai dit plus haut, de M. Strakosch pour interpréter la messe de Rossini !

Ses bonnes fortunes étaient scandaleuses. Je parle de Braham et non de M. Strakosch.

Que recevait M. Naudin en 1868 par représentation ? 1,500 francs ; et Agnesi ? 1,000 francs. M. Montaubry n'a jamais émargé plus de 40,000 fr. par an à l'Opéra-Comique, ni plus ni moins que M. Achard ; et M. Roger, un de nos plus adorables ténors, aux plus beaux jours de sa brillante carrière, n'a touché que 60,000 francs par an.

Le maximum de Fraschini a été de 2,650 fr. par soirée ; encore le traité avec la Russie qui lui assurait ce chiffre ne fut-il pas exécuté.

A propos de Roger, voici un détail qui n'est pas connu, je crois. Un an après l'accident du sympathique ténor, Beaumont, directeur de l'Opéra-Comique, pensa à utiliser Roger, et en parla à son associé David, chef de claque ; celui-ci ayant rencontré Hénelle, ancien baryton de l'Opéra, lui dit :

— « Le bras de Roger n'est pas connu à l'Opéra-Comique, si on le lançait. »

Hénelle accueillit l'idée, s'en ouvrit à Roger et alla voir ensuite Beaumont. Après quelques pourparlers il fut convenu que les frais qui étaient évalués à 2,700 francs par représentation, seraient abaissés à 2,000 seulement et qu'au-dessus de ce chiffre là recette serait partagée entre la direction et l'artiste. On joua treize fois et Roger reçut treize mille francs. Ces treize représentations avaient donc produit cinquante-deux mille francs, c'est-à-dire une moyenne de quatre mille francs. A propos du baryton Hénelle, un brave et honnête homme s'il en fut, ami de l'éminent professeur, l'excellent homme qui a nom G. Dupré, je rappellerai qu'il avait quitté le théâtre pour entrer à la compagnie du Phénix dont son fils aîné Edgard Hénelle, un cœur d'or, devint le caissier en chef. Ce vaillant garçon avait pris part, comme garde national, de compagnie avec son jeune frère Louis Hénelle, élève de l'École des beaux-arts section d'architecture, aux combats de Châtillon et du Bourget, et tous deux s'y étaient conduits en gens de cœur.

Edgard Hénelle est mort en 1879, et de cette nombreuse et excellente famille d'honnêtes gens il ne reste plus que M. Louis Hénelle, architecte, et Mlle Lucy Hénelle, professeur de chant, l'une des meilleurs élèves de Dupré, dont elle restée l'amie.

Les appointements du baryton Hénelle n'ont pas dépassé 6,000 francs.

Je reviens aux ténors, pour parler d'un des plus célèbres de la fin du xviiie siècle, de Lays, dont le nom véritable était Lay. C'était un triste sire, paraît-il, mais un bon chanteur. Sorti des chœurs en 1782, il gagnait 2,400 livres, comme doublure ; il vit son traitement porté, en l'an IX, à 7,200 livres, avec 12,800 livres de gratification, 40 fr. de feux ordinaires, 60 d'extraordinaires, ce qui représentait, au

bas-mot, 40,000 livres, non compris son traitement
de chanteur à la cour à raison de 10,000 livres, traitement qu'il touchait encore en 1819, ce qui ne va
pas loin de cent mille livres; de cela un siècle. A
ces chiffres, il faut ajouter les cadeaux, les gratifications de la main à la main, et le produit des congés.

En 1789, le traitement de tout le personnel de
l'Opéra (théâtre de la République et des Arts) for-
mait un total de 753,250 francs. Le Directoire exé-
cutif avait taxé les premiers sujets à 12,000 francs,
mais il y ajouta de grosses gratifications.

Celle de Lays était de 28,000 francs.

Celle de Chéron de 11,000 francs.

Lainez et Vestris touchaient au même titre
5,000 francs.

Garat toucha, en 1799, 15,000 francs pour avoir
chanté dans trois concerts à l'Opéra, avec Rode,
F. Duvernoy et Mlle Henry.

Dans nos supputations comparatives, il ne faut
jamais perdre de vue la dépréciation des valeurs mo-
nétaires, et qu'on est moins riche aujourd'hui avec
10,000 francs de revenu qu'il y a un siècle avec
5,000 livres.

J'ai avancé que Lays était un triste personnage, je
dois le prouver :

Il avait été, comme je l'ai dit, attaché aux concerts
de la Reine, avec des gages de 10,000 livres, depuis
1780 jusqu'en 1790, sans compter les cadeaux. Cependant, il s'empressa de faire acte de jacobinisme.
En 1792, non seulement on le vit au mois de sep-

tembre de sinistre mémoire se rendre au Conseil de la commune et y protester de son dévouement à la Révolution ; mais en 1793, il se mit au service du Comité de Salut public et parcourut le midi de la France pour propager les idées sanglantes de la Convention, faire l'apologie du Tribunal révolutionnaire et insulter à la mémoire de sa royale bienfaitrice !

Les réactionnaires de thermidor et même les Bourbons se vengèrent de lui ; voici comment :

Les premiers lui firent chanter à genoux le « *Réveil du Peuple* » à l'Opéra. Il fut hué, sifflé, conspué, malgré Lainez qui, jouissant de la faveur du public, voulait le protéger.

Les royalistes le 10 avril 1814, le forcèrent à interpréter des couplets en l'honneur de la Royauté et poussèrent la cruauté jusqu'à lui faire accepter une belle gratification. Lays était un moine défroqué, mais quel admirable chanteur !

Mon impartialité me fait un devoir de constater que Lays a trouvé des avocats chaleureux. MM. Léon et Marie Escudier, dans leur livre : *les Cantatrices célèbres*, prétendent que cet artiste a été calomnié, qu'il était le meilleur des hommes, qu'ils n'ont point connu de père de famille plus tendre, plus dévoué, etc. Je regrette d'avoir à dire que tous les biographes donnent pour authentique la conduite odieuse de Lays au point de vue politique, comme aussi celle de Trial qui dénonça ses camarades de l'Opéra-Comique, Mme de Sainte-Amaranthe et sa fille, ainsi que Mlle Buret de la Comédie-Italienne.

Larrivée, dont les chroniqueurs du temps et Francœur lui-même, écrivent le nom avec l'apostrophe « L'Arrivée, » entré dans les chœurs à raison de 600 livres, en sortit en 1755 pour faire partie des acteurs gagés à 1,200 livres, avec 500 livres de gratification. En 1757, son traitement est porté à 2,000 livres et sa gratification à 500; deux ans plus tard, il reçoit en tout 3,700 livres; à partir de 1764, ses appointements sont élevés à 3,000 livres et sa gratification à 2,000. En 8 ans, ses émoluments étaient plus que triplés.

Mais le voilà qui épouse Mlle Lemière, chanteuse, inscrite en 3e en 1751, et ne touchant que 300 livres. Nos deux virtuoses reçoivent alors ensemble une quinzaine de mille livres, sans compter les gratifications extraordinaires, les feux, les pensions servies par la cour et les grands seigneurs, sans compter les cadeaux, ni l'imprévu qui était gros d'avantages à l'Opéra.

« L'Opéra, dit l'auteur des *Mémoires secrets*, page 255, t. I, à la date du 22 mai 1763, est menacé d'un très grand délabrement. Larrivée et sa femme (Mlle Lemière), ont demandé leur retraite aux directeurs et cesseront de chanter au bout de six mois, si cela ne se raccommode pas. Ce couple d'histrions a pris des airs vis-à-vis de Rebel et de Francœur. Ils ont trouvé mauvais qu'on eût renvoyé des chœurs un de leurs protégés. Ils ont parlé haut et même impertinemment ; ceux-ci se sont plaint au ministre. M. de

St-Florentin les a vertement réprimandés. Il a traité Larrivée comme un laquais et sa femme comme une servante. En conséquence, ces époux se sont piqués au jeu et menacent le public d'une disgrâce. Mlle Lemière s'est déjà retirée du concert du prince de Conti qui lui donnait mille écus, parce que son A. R. n'avait point envoyé prier à souper son mari, un soir qu'on l'avait demandée. »

Cela se raccommoda car, en 1776, Mme Larrivée était encore à l'Opéra avec une pension de 2,000 livres. En 1779, son mari figure sur l'état avec un traitement de 2,350 livres et 2,250 de feux, plus 1,200 de gratification *par arrangement particulier »*, plus les émoluments accordés aux artistes qui chantaient à la cour, au concert spirituel, etc. ; soit en tout une trentaine de mille livres. Demandons-le en passant, croit-on que de nos jours un directeur souffrirait qu'un autre Larrivée lui manquât et que dans ce cas l'on hésiterait à accepter sa démission ?

C'est sur Mlle Lemière et non sur Mlle de Fel, comme Castel-Blaze l'écrit, que Bachaumont s'exprime ainsi : « C'est tour à tour un rossignol qui chante, un ruisseau qui murmure, un zéphyr qui folâtre. » (*Mémoires secrets*, Tome I, page 3.)

Larrivée, il faut le dire, chantait du nez ainsi que le constate Wolfrang Mozart. Ce défaut fit un jour dire à un dilettante : « Mon Dieu, que ce nez a une jolie voix. »

***

Vers le même temps une simple figurante, choriste,

richissime, fit un mariage dont toute l'Europe parla :
Mlle Rem épousa M. Le Normand d'Estioles dont
elle avait été la maîtresse ! Une simple figurante,
une demoiselle de magasin, comme on disait alors,
succédant à Mme de Pompadour ! Bien que ce ne fût
pas auprès de Louis XV, cette prise de possession
suscita bien des jalousies, et le lendemain de leur
mariage les époux reçurent l'épigramme suivante :

> Pour réparer *miseriam*
> Que Pompadour laisse à la France,
> Son mari, plein de conscience,
> Vient d'épouser *rem... publicam.*

Mais Mlle Rem était millionnaire, et les millions
font passer non seulement bien des épigrammes,
mais des accrocs à la vertu (1770).

Encore un exemple des grandeurs qui peuvent
échoir à une artiste. Parmi les figurantes de l'Opéra
de 1770, se trouvait Mlle Marquise. Elle était jolie,
jolie à croquer, mais sans talent sérieux et gagnait
par an deux cents livres ! Un jour, ou plutôt un soir,
elle fut remarquée par le duc d'Orléans, mari de
Mme de Montesson. Son altesse la fit d'emblée marquise. La figurante, signa donc MARQUISE, *marquise
de Villemomble !* La roturière dut son titre de noblesse à la singularité de son nom ; mais il est probable que ses beaux yeux y furent pour quelque
chose.

J'ajouterai qu'elle avait hôtel et laquais, ce qui ne

l'empêcha pas de faire son service de figurante avec la plus grande exactitude. Nous prions les critiques des mœurs dramatiques du jour de nous signaler un seul fait qui approche par sa bizarrerie de la plupart de ceux que nous venons de relever.

* *

Il est une remarque à faire à propos des noms des artistes de l'Opéra en général, c'est qu'un grand nombre de chanteurs et de cantatrices prenaient la particule; si quelques-uns y avait droit, comme de Chassé, seigneur du Ponceau, le plus fat des artistes passés et présents, et Mlle de Fel, qui était *damoiselle*, la plupart se l'attribuaient sans motif, et cette usurpation était sanctionnée par l'inscription officielle de leur nom sur l'état du personnel. Telles étaient Mlles de Castilly, de la Guerre, du Parc, etc.

Non seulement les artistes agissaient ainsi, mais les choristes et les plus simples employés en faisaient autant; ainsi le cœffurier avec ses 800 francs de traitement, signait : du Breuil, comme certains choristes signaient L'Hoste, Le Coq, de La Luze, Le Roy, Le Roux; ils gagnaient 1,600 livres par an. Il y avait aussi les sieurs Le Breton et des Places, inspecteurs de 3e amphithéâtre à 480 livres, les contrôleurs du parterre, l'Abbé à 640 livres et du Bousquet à 800 livres, et l'ouvreuse des Rosières, etc.

Je sais bien que selon l'ordonnance royale du 28 juin 1669, rendue à Saint-Germain, on ne dérogeait pas en entrant à l'Opéra, mais j'ignorais que le fait d'entrer à l'Opéra, conférât la noblesse.

Voici le texte de l'ordonnance royale :

« Et nous voulons et nous plaît que tous les gentilshommes et demoiselles puissent chanter auxdites pièces et représentations de notre Académie Royale, sans que pour cela ils soient censés déroger audit titre de noblesse ni à leurs privilèges et immunités. »

A vrai dire, quand l'Opéra devint républicain, sous le titre de Théâtre des Arts, et que le mot *citoyen* remplaça le mot *sieur* sur l'état matrice de 1794, toutes ces particules disparurent, et l'ouvreuse des Rosières devint la citoyenne Desrosières.

CHAPITRE XIV

Autrefois, comme aujourd'hui d'ailleurs, les directeurs de l'Opéra étaient toujours en quête de voix et les prenaient partout où ils les pouvaient rencontrer, même dans la rue. Ce fut là que Bertin trouva celle de Laisnez, marchand des quatre saisons et qui criait : *Ma botte d'asperges !* d'une façon merveilleuse ; ce fut aussi dans la rue, mais à Venise, en 1779, que Devisme ramassa la voix de la Banti, petite chanteuse qui traînait la savate.

Le directeur ravi l'engagea à l'Opéra où elle eut de grands succès.

Elle gagna des sommes fabuleuses qu'elle mangea ou plutôt qu'elle but, car elle avait le vice de l'ivrognerie poussé aux dernières limites. Il lui fallait les plus grands crûs pour son ordinaire, et elle buvait jusqu'à rouler sous la table. Elle mourut misérable.

Comme heureux contraste à opposer à la Banti, je citerai Mistress Billington, une illustre cantatrice que l'Italie enviera toujours à l'Angleterre, et dont la vie ressemble à un roman. En 1780 — elle avait alors quinze ans — elle demanda et obtint mille livres sterling, soit 25,000 francs pour une saison de trois mois à Covent-Garden, plus une représentation à bénéfice, ce qui équivaudrait aujourd'hui à soixante mille francs. Bien qu'elle eût été très prodigue, surtout par excès de bienfaisance — sainte prodigalité que celle-là ! — elle mourut deux fois millionnaire, en 1818, à l'âge de 53 ans, dans son superbe domaine de Naples.

Elle était fille du musicien Weichell, et sa mère était une cantatrice de mérite. Elle épousa en secret Billington, contre-bassiste au théâtre de Dublin, qui compléta ses études.

*
* *

Je nommerai encore, pour mémoire, la signora Clémentina Chiavacci, jolie cantatrice que le ministre Amelot comblait de présents et qui, elle aussi, en 1780, avait hôtel, carrosses et millions.

*
* *

La vie de Sophie Arnould est trop connue pour que je la raconte ici. même en abrégé, et comme pour l'écrire tout au long il faudrait un volume, je me bornerai à copier une page des *Mémoires secrets,* page qui nous donnera un renseignement sur son traitement officiel.

«(2 juin 1769.) Les amateurs de l'Opéra apprennent à regret la retraite de Mlle Arnoult *(sic)*. Il est d'usage qu'on donne aux grands acteurs, outre 3,000 livres, pain et vin, 1,000 livres de gratification ordinaire et 1,000 livres encore de gratification extraordinaire. Cette dernière n'a pas été accordée à l'artiste dont nous parlons, attendu la fréquence de ses absences et de ses incommodités, ses caprices continuels, qui l'empêchaient de jouer les trois quarts de l'année. On lui a démontré que chacune de ses représentations coûtait plus de cent écus à l'Académie royale de musique. Elle s'est jugée au-dessus des règles ordinaires et de ces calculs. Elle s'est piquée et enfin elle a quitté. Cette perte très grande sera moins sensible par les absences dont on vient de parler qui ont presque habitué le gros public à s'en passer et à l'oublier; mais les gens de goût, les cœurs sensibles s'en souviendront longtemps et ne croient pas qu'on puisse la remplacer pour l'âme et l'intelligence. »

Les mille livres de gratification qu'on lui refusa ne l'empêchèrent pas d'acheter en 1793 la maison des pénitents de Saint-François-de-Sales à Luzarches, où elle se retira, après qu'elle eût été forcée de vendre sa propre terre.

Rappelons en passant que l'Opéra ne fut pas toujours aussi scrupuleux quant à ce que lui coûtaient les absences de ses pensionnaires. Ainsi, en 1824 notre première scène lyrique engagea Mme Demery Gloslop pour trois ans à raison de 25,000 par an. Or, en trois ans cette artiste chanta une fois! La soirée coûta donc la bagatelle de 75,000 à la caisse du théâtre. On voit qu'en ce temps la subvention était bien employée !

Je reviens à Sophie Arnould pour rappeler qu'elle avait encore, en 1793, 30,000 livres de rentes qu'elle perdit en deux ans. Tombée dans une affreuse misère, elle serait morte de faim si, en 1798, Fouché ne lui avait fait délivrer une pension de 2,400 livres et un appartement à l'hôtel d'Angevillers.

.*.

Je reprends l'ordre chronologique.

En l'an XI le traitement des artistes fut réglé comme il suit par représentation : Chéron et Lays recevaient 100 livres, Lainez 40, Laforêt 40, les autres de 20 à 12. Mme Maillard, celle-là même qui avait pris la spécialité des *Libertés* dans les fêtes républicaines, touchait 60 livres, Mmes Armand et Branchu 40, et Mme Chollet 15.

L'année suivante on revint au traitement annuel et tous les premiers rôles furent taxés à 7,200 livres, plus 40 livres de feux; puis tout fut encore modifié : les chefs d'emploi reçurent 10,000 livres et 60 de feux.

A cette époque les chanteurs et les cantatrices, et cela depuis 93, étaient réduits à la portion congrue. Plus de concert à la Cour, plus de concert spirituel, plus de pensions de grands seigneurs, plus d'excursions fructueuses à l'étranger.

.*.

En 1786, la Comédie Italienne produit Mme Saint-Aubin, qui plus tard devint une des étoiles du théâtre

Feydeau. Elle se retira le 2 avril 1808; le maximum de ses appointements ne dépassa pas 16,000.

Mme Saint-Aubin était, nous tenons à le constater, une honnête femme dans toute l'étendue du mot. Lorsque la Révolution proclama le divorce, elle était loin d'être riche. Un homme puissant, possesseur d'une fortune princière, lui proposa de l'épouser. Elle n'avait qu'un mot à dire pour faire rompre son mariage; bien qu'elle eût de nombreuses raisons pour justifier cette action, car son mari l'avait scandaleusement trahie plusieurs fois, notamment avec la Saint-Huberti qui l'avait à peu près enlevé, elle refusa.

— J'ai mes enfants, répondit-elle, pour me faire tout supporter.

La mère des Gracques n'eût pas mieux répondu.

Mme Saint-Aubin fut une des gloires de l'Opéra-Comique et cependant elle fut une des plus mal traitées. Reçue sociétaire à quart de part en 1788, elle ne put jouir de la part entière qu'en 1798, bien que pendant ces dix ans elle eût supporté tout le poids du répertoire, avec une supériorité incontestable et un zèle au-dessus de tout éloge.

Encore fallut-il son succès immense, dans le *Prisonnier ou la Ressemblance*, de *Della Maria*, ou plutôt de *La Marie* pour décider le comité à lui rendre cette tardive justice.

Ruinée par la faillite du théâtre Favart en 1800, elle se retire en 1808 avec une ridicule pension de 1,900 livres. Sans la générosité de Louis XVIII, qui ajouta 3,000 francs par an à cette aumône honteuse, une des plus grandes et des plus honorables artistes eût été réduite à vivre pour ainsi dire de pain et d'eau !

Notons en passant que la représentation de retraite (2 avril 1808) fut pour elle l'occasion d'un acte de bienfaisance, car elle en partagea le produit avec la veuve Dozainville.

Je reconnais que la situation faite à Mme Saint-Aubin ne vient pas à l'appui de la thèse dont ce livre est l'objet. Mais c'est là une exception et elle est tellement honorable que je n'ai pu résister au désir de la citer.

*
* *

J'ai dit à propos de la Todi et de la Mara qu'elles avaient chanté au concert spirituel, à raison de 240 livres par cachet. Comme je viens de faire une excursion dans les temps modernes, à propos de Sophie Arnould et Mme Demery Gloslop, j'en ferai une à propos du concert spirituel sous Napoléon III.

Voici quels étaient les traitements des artistes :

Mlle Patti était payée par concert, 3,000 fr.

Mme Carvalho	—	—	1,000
Mlle Nilsson	—	—	1,200
Mlle Marie Rose	—	—	500
M. Faure	—	—	1,000
M. Capoul	—	—	600
M. Troy	—	—	500
M. Barré	—	—	500
M. Colin	—	—	500
M. Bonnehée	—	—	600

Tous ces chiffres n'atteignent pas, on a pu s'en convaincre, ceux des traitements ou gratifications des grands artistes du XVIIIe siècle dont nous avons parlé.

*
* *

Encore une fois, je ne puis ouvrir un livre ou une chronique sur l'Opéra sans y rencontrer des noms de millionnaires. Voici par exemple Mlle Carton, simple choriste à 800 livres, célèbre par ses relations princières. Puis Mlle La Guerre, la protégée de M. le duc de Bouillon, et qui mourut à vingt-huit ans après avoir absorbé des millions ; et Mlle Levasseur, la rivale de Sophie Arnould, et Mlle Liancourt, qui apporta en dot à son époux, — le baron d'Aubigny, — l'hôtel où se trouve aujourd'hui la mairie du IXe arrondissement, rue Drouot. Et Mme de Saint-Huberty, ou de Saint-Huberti , comtesse d'Entraigues , chevalière de l'ordre royal de Saint-Michel de France, morte si dramatiquement.

A Marseille, en 1785, on lui donna des fêtes splendides, dont j'ai parlé au commencement de ce travail, qui feraient pâlir d'envie les Américains qui organisent des triomphes à la Patti. Après une représentation de *Didon*, elle fut couronnée sur la scène.

En 1787, la Saint-Huberti donnait des réprésentations à Strasbourg, au sortir de scène, après avoir joué *Didon*, elle reçut le huitain suivant :

> Romains qui vous vantez d'une illustre origine,
> Voyez d'où dépendait votre empire naissant :

> Didon n'eut pas le charme assez puissant
> Pour arrêter la fuite où son amant s'obstine :
> Mais si l'autre Didon, ornement de ces lieux.
> Eut été reine de Carthage,
> Il eût, pour la servir, abandonné les Dieux,
> Et votre beau pays serait encor sauvage.

J'ai bien le droit de compter ces vers dans les honneurs que reçut la Saint-Huberti, on le reconnaîtra, j'espère, quand on saura qu'ils étaient signés *Napoléon Buonaparte*, alors officier d'artillerie.

* *

Si j'avais à raconter la vie galante des grands artistes que de pages il me faudrait pour narrer celle d'un fait insupportable, le plus insupportable des fats qu'aient fournis tous les théâtres lyriques du monde. J'ai nommé le sieur de Chassé, seigneur du Ponceau.

Le sieur de Chassé, seigneur du Ponceau, était de bonne noblesse d'épée. Il avait été fort riche, mais son luxe et le système de Law aidant, il s'était un beau matin réveillé ruiné.

Il quitta la compagnie des gardes du corps de Monsieur pour l'Opéra et s'en trouva très bien.

Les femmes se le disputaient, au prix de leur vie, témoin le duel dont il fut l'objet entre une Polonaise et une Française; ce fut cette dernière qui fut blessée. L'anecdote est trop connue pour que je la raconte ici par le menu. Je dirai seulement que, le « faquin, » comme l'appelait le duc de Richelieu, recevait, tant en traitement, pension, gratification, etc., une trentaine de mille livres sans compter les cadeaux somptueux qui lui étaient offerts de toutes mains.

Je dois mentionner encore les 25,000 livres de Chéron, je parle seulement de son traitement à l'Opéra, en 1782, et Mme Gavaudan, et Mme Mainvielle Fodor, et, si je veux m'avancer plus encore dans le xixe siècle, la Malibran, la Pasta et l'Alboni, la Cruvelli ; est-ce que toutes ces merveilleuses virtuoses n'étaient pas comme les nôtres rétribuées par centaines de mille francs ?

Voyons, par exemple, quel était le chiffre des encouragements de Mme Malibran ; ces encouragements, comme disait Napoléon en parlant du traitement des artistes, montaient à 75,000 francs, auxquels il faut ajouter un bénéfice et le produit des congés, qui doublaient la somme.

En 1825, elle se trouvait à Londres et joua le rôle de Rosine, par suite de l'indisposition de Mme Pasta. La saison avait encore six semaines à courir ; elle traita à raison de 500 livres sterling (12,500 francs).

En 1830, l'administration du Théâtre-Italien de Paris lui fit un engagement, moyennant 1,075 francs par représentation.

En 1833, l'impresario du théâtre de Drury-Lane lui verse quatre-vingt mille francs pour quarante représentations, plus le produit de deux bénéfices, soit soixante mille francs.

Deux ans plus tard, toujours à Londres, elle touche

soixante-neuf mille trois cent soixante-quinze francs pour vingt-quatre soirées.

A Milan, elle reçoit quatre cent vingt mille francs pour quatre-vingt-cinq représentations.

Un peu plus tard, à Milan encore, elle traite pour vingt soirées, moyennant soixante mille francs. Enfin, lorsqu'elle mourut, elle venait de contracter un engagement de six cent mille francs !

A propos de Mme Malibran, dans son numéro du 10 août 1881 le *Figaro* publiait ce qui suit suit :

Au moment où le *Ménestrel* (1) publie les fort intéressantes recherches de M. de Lyden sur le budget des chanteurs et des cantatrices d'autrefois, plaçons sous les yeux de nos lecteurs le reçu que voici, signé de la main de la grande artiste Malibran, reçu emprunté à la collection d'autographes de M. Albert Vizentini.

« Je soussignée reconnais avoir reçu de M. Robert, Directeur-Entrepreneur du Théâtre-Royal-Italien, par les mains de M. Severini, régisseur général caissier, la somme de douze cent cinquante francs, pour ma représentation.

Bon pour fr. 1,250,   Dont acquit.
Paris, le 31 décembre 1831.   M. F. MALIBRAN. »

Dix-huit ans plus tard, en 1849, sa sœur, Mme Pau-

(1) Une partie de notre travail a en effet paru en juin, juillet et août 1841 dans le *Ménestrel* le plus important peut-être des journaux de musique, dirigé avec amour et intelligence par l'honorable M. Heugel, dont l'érudition musicale est des plus remarquables, et que nous remercions ici des utiles renseignements qu'il nous a fournis.

line Viardot, ne touchait que la somme de 1,000 francs par soirée, au Grand-Opéra de Paris, lors de sa belle création de Fidès, dans le *Prophète*. Chose curieuse, Mme Krauss est entrée à l'Opéra, sous la direction de M. Halanzier, au même chiffre que Mme Viardot en 1849. Aujourd'hui, elle reçoit de M. Vaucorbeil, 15,000 francs par mois.

Ici plaçons un point d'orgue retentissant. Rubini qui, en 1814 touchait 45 francs par mois comme... Danseur à Pavie, où par parenthèse il était sifflé, encaissait en 1831, y compris le traitement de sa femme, 150,000 francs par saison au Théâtre-Italien de Paris et cinq cent mille à Saint-Pétersbourg pour quatre mois.

Je dois déclarer ici que je ne donne ce renseignement que sous toutes les réserves. Je l'emprunte à Castil-Blaze, en ajoutant que plusieurs musicographes le déclarent apocryphe.

ENTR'ACTE

***

J'ai consacré un *intermède* à faire ressortir l'esprit de charité des artistes. Le sujet serait inépuisable si l'on pouvait s'y arrêter, aussi n'est-ce pas mon intention. Toutefois je retrouve dans mes notes quelques anecdotes relatives à la conduite patriotique de certaines comédiennes et cantatrices pendant la guerre de 1870-71, et j'en prends trois ou quatre pour servir d'entr'acte à mon récit.

MADAME MADELEINE BROHAN ET SA LETTRE

Madame Madeleine Brohan, l'éminente comédienne, l'artiste aux grandes traditions de l'art, après avoir payé sa dette à l'ambulance du Théâtre-Français, de sa bourse si connue des pauvres, comme de son magnifique talent ; madame Madeleine Brohan a trouvé dans son cœur, vraiment français, une nouvelle façon de protester contre l'Allemagne criminellement victorieuse.

Voici comment :

La ligue anti-prussienne, déclarée pendant le siège de Paris, fondée pendant l'armistice, organisée après la signature des préliminaires, eut un grand succès. Les femmes y adhérèrent avec enthousiasme, et si tous les engagements pris n'ont pas été éternellement tenus, au moins l'élan a-t-il été spontané et chaleureux :

Plus de Prussiens en France, disait-on.

Plus de Français en Prusse !

Les artistes, en grand nombre, firent comme les bourgeoises, les commerçantes et les duchesses.

A ce propos, le *Figaro*, ayant émis le désir de voir tous nos grands artistes, si recherchés dans les casinos allemands, dont ils font la fortune, tout en faisant la leur propre, s'abstenir désormais d'aller donner des représentations au delà du Rhin, madame Madeleine, la belle et grande artiste, adressa à M. de Villemessant la lettre suivante :

« Paris, le 6 mars 1871,

« Vous avez bien raison, monsieur, et pour moi,
« je jure bien que jamais, à quelque prix que ce soit,
« je ne remettrai les pieds en Allemagne.

« Madeleine BROHAN. »

Il me reste d'autres faits à consigner à l'honneur des vrais artistes dramatiques, et qui viennent à l'appui de la déclaration de Mme Brohan, en voici un.

Voici ce que dit M. H. Hostein dans le feuilleton du *Constitutionnel* :

« Nous nous étions laissé dire — et cela nous avait grandement satisfait — que les artistes de Paris couvraient de leurs signatures une note aux termes de laquelle chacun d'eux prenait l'obligation de n'accepter, à aucun prix, d'engagement en Allemagne, ou avec des directeurs stipulant en France, pour des administrations allemandes ou d'un public allemand.

« On nous signale quelques fâcheuses exceptions à cette honorable croisade artistique et nationale.

« Voici, en autres faits de ce genre, ce qui vient d'avoir lieu à Amiens.

« A l'occasion d'une grande revue que devait passer le prince Frédéric-Charles, la ville fut tout à coup envahie par plus de soixante mille Prussiens de toutes armes.

« Les officiers pullulaient, en quête, comme toujours, de plaisirs ou tout au moins de distractions.

« Ils imaginèrent de faire organiser dans le théâtre de la ville un spectacle-concert qui leur serait spécialement destiné.

« A la suite des régiments ennemis marchait l'ordonnateur des théâtres et concerts de la cour de Prusse. Ce surintendant, de façon orientale, comprit que les officiers avaient besoin d'admirer nos actrices parisiennes, et, s'abouchant avec un impresario local, il vint en sa compagnie à Paris, pour y faire des engagements du goût de ses nationaux.

« D'abord il échoua complètement. Malgré ses offres brillantes, ni comédienne française de haute ou moyenne volée ni même la plus modeste cantatrice de concerts ne voulut manquer au serment collectif de ne point contribuer au plaisir des envahisseurs. »

Si bien que les Prussiens durent se contenter de quelques drôlesses qui n'ont de comédiennes que le nom, et que leur *prima donna* fut une espèce de figurante d'un théâtre de boulevard, capable de tout, par cette seule raison qu'elle n'était et n'est capable de rien.

LE BOUQUET DE MADEMOISELLE NILSSON

La blonde Ophélia d'Ambroise Thomas, Mlle Nilsson, en sa qualité d'Écossaise, n'était pas tenue de rester à Paris ni même en France pendant la guerre, aussi le gracieux rossignol de l'Opéra avait-il pris son vol pour l'Amérique, où il gazouillait pour la plus grande joie des lions de New-York.

Toutefois, se souvenant toujours de l'hospitalité généreuse que lui a donnée la France, Mlle Nilsson voulut payer sa dette de reconnaissance.

Pendant trois jours elle se fit bouquetière et vendit publiquement des fleurs au profit des blessés français.

— Mademoiselle, lui dit un gentleman, si vous daignez porter un de vos bouquets, il sera sans prix.

Ophélia mit un bouquet à sa ceinture.

Un quart d'heure après, le gentleman demandait ces fleurs à la bouquetière improvisée et les payait 150 dollars, soit 750 francs.

Et la foule de crier hurra !

Ce que voyant, Mlle Nilsson fit à l'Américain l'hon-

neur de se promener avec lui pendant cinq minutes
autour du salon de vente, aux grands applaudissements de la galerie.

MADEMOISELLE BLANCHE D'ANTIGNY

Après avoir occupé le monde parisien par sa beauté,
M¹¹ᵉ Blanche d'Antigny a voulu se faire pardonner
ses succès par un zèle patriotique des plus sincères.
Aussi croyons-nous de notre devoir de lui consacrer
quelques lignes.

Il ne faut pas oublier ces paroles du poète qui ne
sont qu'un écho de celles du Messie :

« Sauvez-vous par la charité. »

Donc, M¹¹ᵉ Blanche d'Antigny, la blonde étoile du
firmament mondain, a voulu payer sa dette à la patrie.
Elle s'est offerte comme cantinière au 50ᵉ bataillon de
la garde mobile de la Seine-Inférieure.

On dit que la charmante philosophe, école d'Epi-
cure, était Normande, ce qui explique son choix.

Malheureusement pour le 50ᵉ bataillon, le règlement exige des cantinières de la mobile, avec le courage, le zèle et toutes les autres vertus qui font les
héroïnes, un contrat de mariage, et M¹¹ᵉ Blanche d'Antigny fut remerciée.

— Ah ! dit-elle avec un de ces gestes énergiques qui
lui étaient familiers, on ne veut pas de moi comme
cantinière ; eh bien ! je me fais infirmière. Allons-y
gaiement !

Et elle y alla gaiement, la brave fille, avec autant

d'aisance que si elle se rendait à une première représentation avec une toilette à effet.

Et maintenant, si vous entendez dire beaucoup de mal de Mlle Blanche d'Antigny, pensez un peu de bien de l'infirmière.

UNE SŒUR DE FRANCE

Connaissez-vous Mlle Moïna ?

Quatre-vingt-dix-neuf sur cent de mes lectrices, fussent-elles toutes Parisiennes, me répondront : non.

Le fait est que cette jeune fille, bien qu'appartenant au monde des théâtres, est sans notoriété artistique.

Si mes souvenirs me servent bien, c'est une brune à l'œil vif, alerte, et ne demandant pas mieux que d'être applaudie.

Elle tenait un petit emploi dans un de nos modestes théâtres de genre et s'y faisait remarquer.

Si ce qu'on rapporte d'elle est vrai, et je suis assez disposé à le croire, c'est un bon petit cœur, toujours prêt à offrir une consolation, et qui, selon l'expression consacrée, « n'a rien à elle, » tant elle est toujours disposée à donner.

Mlle Moïna a fait comme bien d'autres jeunes femmes de théâtre, elle a passé de la scène à l'ambulance, et est devenue infirmière aux Sœurs de France.

Son poste était à Saint-Mandé; c'est de là qu'elle adressait à ses amis ses demandes de linge, de provisions et d'argent pour ses chers blessés.

Or, comme l'un d'eux s'était montré généreux, mademoiselle Moïna lui envoya le remerciement suivant :

Saint-Mandé, 14 octobre 1870.

Merci, monsieur, de votre caisse
Et des deux mots à mon adresse !
Lorsque Dieu donne, ouvrant la main,
Compromet-il son lendemain ?
Vous faites plus que mon ministre,
Le don qu'aujourd'hui j'enregistre
Vous peut demain faire défaut.
Daignez souffrir qu'en vers très faux
Pour nos blessés je vous exprime
Les vœux du cœur de votre infime
Et humble sœur qui se donna
Le pauvre nom de

Moïna.

Je ne vous donne pas ce douzain pour du Musset ni du Lamartine, mais enfin il faut tenir compte de l'intention, et se souvenir que, même en fait de poésie, la plus jolie fille ne peut donner que ce qu'elle a.

⁂

Et puisque le nom de Mlle Nilsson est venu sous ma plume, je crois devoir, pour faire comprendre en quelle haute estime est tenue l'illustre cantatrice, publier ici la lettre que lui adressa le 5 mars 1882, S. M. le roi de Suède au lendemain de la catastrophe financière qui la fit veuve et pauvre :

« Christiania, 5 mars 1882.

« Chère madame Nilsson-Rouzaud,

« Je suis sûr que vous n'avez point douté un seul instant de la part bien sincère que j'ai prise à la cruelle épreuve dont vous venez d'être frappée. La nouvelle ne m'en est parvenue que bien tard par suite de mon voyage à Christiania, et lorsque enfin j'appris la mort de votre mari, il était trop tard pour télégraphier, et je préférai attendre jusqu'à ce que je pusse convenablement vous adresser une lettre dans votre grande et naturelle affliction, sans être importun.

« Chère madame Nilsson, j'ai été très ému en lisant les tristes circonstances qui ont amené votre grand malheur. Dieu seul peut vous donner la force d'âme et de corps pour résister à une telle épreuve ; mais il vous la donnera, j'en suis sûr, et je fais les vœux les plus sincères pour vous et pour votre avenir. Encore jeune et dans la pleine et entière possession des grandes qualités artistiques qui ont fondé et justifient votre renommée, vous trouverez dans le travail une consolation, dans l'inspiration une force, et le deuil qui vous afflige en ce moment pourra même contribuer, Dieu aidant, au développement de votre génie. Vous pourrez encore, je l'espère, bien longtemps rester cette grande artiste qui fait honneur au pays qui vous a vu naître ! Ce n'est pas tant en ma qualité de Roi de ce pays, mais encore plus comme amateur et comme votre ami surtout, que je n'hésite pas à émettre ce vœu.

« Oui, comptez surtout sur de tels sentiments de ma part, et croyez-moi toujours votre très affectionné.

« OSCAR. »

On voit que Mme Nilsson est destinée à recevoir des lettres aussi honorables que flatteuses.

DE LA BUSSIÈRE

Nous ne saurions oublier, dans cette liste abrégée des artistes dramatiques qui ont bien mérité de la Patrie et de l'Humanité, CharlesH-ippolyte Delpuch de La Bussière.

Le pauvre comédien du théâtre Marcux, devenu pendant la Terreur, secrétaire enregistreur au bureau des pièces accusatrices, eut le bonheur et le courage de sauver, non seulement les comédiens condamnés, mais encore, dans l'espace de trois mois et demi, 1,153 prisonniers, parmi lesquels la duchesse de Duras, la maréchale de Ségur, Mlle de Sombreuil, Mme de Luxembourg, MM. Talleyrand-Périgord, de La Rochefoucauld, la famille de Luynes, M. et Mme de Praslin, la vicomtesse de Beauharnais, depuis Mme Bonaparte, Impératrice Joséphine, — MM. de Florian, de Ségur jeune, Mmes de Buffon. de Bouillon, de Beaufort, Lafayette, Simian et Schomberg, de la Ferté, d'Aiguillon, et Custines.

Les comédiens condamnés à mort étaient Dazincourt, Fleury, Mlles Louise et Émilie Contat, Raucourt et Lange.

Après le 9 thermidor La Bussière, devenu secrétaire intime du représentant Legendre au Comité de sûreté générale, délivra encore *quatre-vingt-quatre mille détenus* des départements, dix mille religieuses et dix-huit cents prêtres réfractaires déportés. Pour accomplir ces actes d'héroïsme, La Bussière risqua mille fois sa vie. Le croirait-on, La Bussière est mort dans la misère, oublié de ceux-là mêmes qu'il avait arrachés à la mort !

Fleury demande dans ses Mémoires qu'il lui soit élevée une statue, et MM. Porel et Monval, dans leur histoire si intéressante de l'Odéon, que son nom soit gravé en lettres d'or dans un foyer de la Comédie-Française. Ce ne serait qu'un acte de justice ; mais hélas ! ce n'est pas à l'heure où l'on élève une statue à Danton qu'on songera à honorer la mémoire de La Bussière.

Hélas ! sur les vingt mille comédiens qui vivent en France, sur les cent mille qui vivent en Europe combien y en a-t-il qui connaissent ce nom (1) !

L'ambulance des Variétés et l'amoureux de Mlle Berthe Legrand.

Comme la Comédie-Française, le Théâtre-Italien et plusieurs autres théâtres, les Variétés avaient une ambulance installée dans le foyer réservé d'ordinaire au public.

Le service d'infirmières était fait par les dames du quartier appartenant généralement au commerce, sous la direction de Mme Maillard, ancienne artiste dramatique.

(1) Nous renvoyons le lecteur à l'ouvrage de MM. Porel et Monval : *L'Odéon, histoire administrative et anecdotique du second Théâtre-Français*, pour apprécier cette vie de dévouement.

Deux comédiennes, bien connues dans le monde des arts, s'étaient empressées de venir offrir leurs services à la directrice.

L'une fut Mlle Scrivaneck, la plus sérieuse rivale de Virginie Déjazet.

L'autre fut Mlle Berthe Legrand, dont les journaux ont maintes fois enregistré les succès et célébré la beauté originale.

Rien n'était plus curieux que de voir ces deux personnifications du rire joyeux remplir leur tâche de sœurs de charité.

Rien ne les rebutait, les chères filles ; pansements délicats, soins répugnants, service de gardes-malades, elles acceptaient tout sans murmurer.

A toutes les exigences de leur emploi, elles, faites aux mignardises de la vie, aux hommages d'un public charmé, elles opposaient une résignation vraiment digne d'éloges.

Et comme il faut toujours que le naturel reprenne ses droits, filles d'esprit et de cœur à la fois, elles avaient toujours une saillie pétillante, un mot heureux aux lèvres pour faire sourire le blessé que torturait la douleur.

— C'est notre *baume tranquille*, disait Mlle Scrivaneck, en faisant allusion au calme passager que ses réparties procuraient au malade.

— Quel effet cela vous a-t-il produit, demandions-nous à M^{ll} Legrand, lorsque vous avez eu votre premier blessé à panser ?

— Absolument l'effet d'un beau rôle à une première, un grand *trac* d'abord, et ensuite l'ardent désir d'être applaudie.

— Comment, applaudie! Et par qui donc? Là, pas de public, par qui applaudie?

— Par ma conscience, donc, cela vaut bien une *côtelette*.

Les frais de cette ambulance étaient fort lourds. L'honorable M. Bertrand, directeur du théâtre, avait bien fourni généreusement une partie du matériel; les dames du quartier envoyaient bien des dons en nature, mais cela ne suffisait pas.

Les artistes se firent quêteuses. Chacune à son tour, elles s'installèrent, la bourse à la main, sous le péristyle des Folies-Bergère, saluant les entrants par ces mots : « Pour les blessés de l'ambulance des Variétés. »

On donnait, parce que les solliciteuses étaient jolies, et parce qu'elles étaient connues pour leur charité.

Alors, il faisait un froid atroce.

Mlle Berthe Legrand gagna, à ce métier, un gros rhume qui tourna à l'enrouement chronique.

— Voilà qui est bien fâcheux pour vous, lui dit quelqu'un.

— Au contraire, mon cher, après la guerre, je me ferai cantatrice et je prendrai les contralti. Falcon est encore à remplacer.

Une seule chose me *chiffonne*, ajouta-t-elle.

— Laquelle ?

— Nous n'avons pas encore eu la plus petite aventure, comme dans les comédies.

— Qu'entendez-vous par là ?

— Parbleu ! est-ce qu'il n'est pas de règle absolue que toute jeune femme qui soigne un blessé inconnu en fait un amoureux ?

— Ah ! oui, la *Dame blanche*.

— Et *Kettly* ou le *Retour en Suisse*, etc.

— Bast ! qui sait, vous n'êtes encore qu'au premier acte.

Le Dieu qui préside aux destinées des femmes de théâtre ne permit pas que le désir de la jeune infirmière ne fût pas exaucé.

Elle eut son amoureux.

Un amoureux, soupirant, timide et muet ; un véritable amoureux de vaudeville, au temps de monsieur Scribe.

C'était un Wurtembergeois.

Atteint par un éclat d'obus à l'épaule, il avait été amené à l'ambulance des Variétés pendant la nuit.

Mlle Legrand était de service. Elle reçut notre ennemi, aida le chirurgien dans le pansement et s'installa au chevet du blessé, hors d'état de se rendre compte de ce qui se passait autour de lui.

Le malheureux, poursuivi par cette idée funèbre que les Français fusillaient leurs prisonniers, ne cessait de répéter dans son délire : *capout !*

Quand, au matin, ses esprits furent plus calmes, au lieu du visage rébarbatif du sergent qui devait le mener à la mort, il vit la gracieuse figure de sa garde-malade il parut éprouver un immense soulagement mêlé d'une surprise des plus agréables.

La chose s'explique toute seule.

Mlle Berthe Legrand est blonde, d'un blond charmant, doux et vif à la fois. Ses grands yeux sont
d'un bleu tendre qui rappelle un peu la nuance de
la fleur chère aux Allemands : le *Ne m'oubliez pas!*

Son visage est pâle, sa bouche aimable, son front
intelligent.

Elle avait eu vingt-un ans aux neiges de cette année néfaste; ses mains sont blanches, sa taille élancée.

Et quand elle le veut bien, elle a des façons de vous
regarder qui vous vont droit au cœur.

Avait-elle ce matin-là ce regard fascinateur plein
de charmes? Nous l'ignorons ; tant est-il que le Wurtembergeois rougit et soupira.

Ici le roman commence, roman n'est pas le mot,
c'est idylle qu'il faudrait dire, si rien n'était moins
champêtre qu'une ambulance de blessés.

C'était, nous a dit l'héroïne de ce petit poème, que
Goëthe n'eût peut-être pas dédaigné de mettre en
scène, un jeune et beau garçon à la physionomie
sympathique; il ne me parlait pas, car il ne savait
pas le français, mais ses yeux — de grands yeux bleus
— bavardaient... bavardaient!...

— Et cela dura?

— Six grandes semaines.

— Et puis ?

— Et puis, il me baisait les mains...

— Et vous le laissiez faire?

— Ne contrariez jamais les malades! nous avait
dit le docteur.

— Et puis...

— Monsieur, je suis Française... et c'était un Allemand... répondit la jeune femme.

Puis, il nous sembla qu'elle murmurait en soupirant :

— Et pourtant, monsieur, mon cœur battait quelquefois bien fort.

— Voulez-vous vous taire, vilaine charmante !

Ce n'est pas seulement comme infirmière que Mlle Berthe Legrand avait droit à une place dans notre galerie.

Elle n'est pas que bonne et charitable, la jeune comédienne, elle est hardie et vaillante.

Interrogez les gardes nationaux de la quatrième compagnie du huitième bataillon. Ils vous diront que leur cantinière pimpante sous son petit chapeau à plumes, ses pieds mignons dans des bottes de daim, le baril au flanc, marchait résolûment avec eux.

On dit même, bien qu'elle s'en défende, qu'elle était sur la crête de Buzenval au jour de la grande bataille, et qu'au milieu des balles prussiennes qui pleuvaient sur nos soldats, elle resta calme, secourant les blessés et vidant dans la gourde du soldat altéré l'eau fraîche de son baril.

Donc, disons quelquefois un peu de bien des comédiennes, chères lectrices. Elles ont du bon, ces femmes souvent méconnues, toujours accusées, rarement défendues.

CHAPITRE XV

Napoléon Ier, bien qu'il ne fût pas un dilettante forcené, traitait les artistes fastueusement, en souverain qui ne trouve rien de trop beau ni de trop cher pour son pays. Mme Catalani eut l'honneur de chanter deux fois au Palais de Saint-Cloud. Voici comment l'empereur la remercia : 1° Il lui fit remettre 5,000 francs ; 2° il lui accorda une pension viagère de 1,200 francs ; 3° il mit à sa disposition la salle de l'Opéra, éclairée, avec son personnel, pour deux concerts qui rapportèrent à la cantatrice 49,000 fr. Les places étaient cotées à 36, 18, 9 et 6 francs (21 juillet 1806).

Au sortir de la seconde audition, à Saint-Cloud, Napoléon alla la trouver sur le théâtre et lui dit :

— Où allez-vous ?

— A Londres, Sire !

— Restez à Paris, vous aurez 100,000 francs et deux mois de congé.

Mme Catalani fit une révérence de remerciement et... partit pour l'Angleterre. Les propositions impériales étaient belles sans doute, mais elles pâlissaient auprès des conditions qui lui étaient faites à Londres. Elle touchait en effet 250,000 francs pour une saison. Ses congés lui en rapportaient autant ; il y eut des soirées qui lui étaient payées *cinquante mille francs*. On lui donnait 200 guinées pour chanter le *God Save*, c'est-à-dire cinq mille francs.

A l'appui de ce que nous venons de dire sur la générosité de Napoléon Ier, à l'égard des artistes, nous rappellerons une particularité qui fait honneur à l'impresario impérial. Chaque fois que l'Empereur assistait à l'Opéra les premiers sujets recevaient, sur la cassette de S. M., une gratification spéciale de 6,000 francs au maximum et de 3,000 au minimum selon l'importance de l'artiste. Aussi quand les mots *par ordre* étaient inscrits en tête de l'affiche, aucun sujet de l'Académie de musique n'était malade ni enrhumé.

En dehors des gages ou des encouragements payés par le budget de l'Opéra, les artistes recevaient un traitement particulier pour les représentations données à la cour, et un autre supplément régulier était attribué à ceux qui étaient attachés à la chapelle.

Louis XIV avait rendu une ordonnance en vertu de laquelle nul ne pouvait entrer à l'Opéra gratis. Bonaparte a fait quelque chose d'analogue.

En l'an XI le 26 frimaire (9 décembre 1802). le premier consul se fit présenter l'état des entrées gratuites. Il y trouva les noms des trois consuls, des ministres de l'intérieur et de la police, du général Junot, de Maris secrétaire d'État, de Rœderer, de Coulon, du ministère de l'intérieur. En tout dix-sept loges et quatre-vingt-quatorze places. Au bas de l'état Bonaparte écrivit les deux lignes suivantes :

« A *datter* (sic) du 1ᵉʳ nivose toutes ces loges seront payées par ceux qui les occupent.

« *Bonaparte.* »

Bonaparte donna l'exemple et payait sa loge 15,000 francs.

Napoléon Iᵉʳ, déjà nommé, comme on dit aux distributions de prix, et ce lauréat en vaut bien un autre, avait une affection particulière pour Mᵐᵉ Paër et son mari, qui fut, comme on sait, le directeur de la musique des concerts et du théâtre de la cour. Ce fut à Dresde, après une représentation d'*Achille*, opéra de ce maître, que l'Empereur se les attacha l'un et l'autre. Voici comment, selon Castil-Blaze, un engagement fut contracté en 1806.

« — Mᵐᵉ Paër, fit l'Empereur charmé, vous chantez comme un ange, quels sont vos encouragements ?

— « Sire, quinze mille francs !

— « Vous en aurez trente, M. Brizzi, vous me suivrez aux mêmes conditions.

— « Mais, sire, nous sommes engagés.

— « Avec moi ! vous le voyez, l'affaire est terminée. Le prince de Bénévent se charge de la partie diplomatique. »

Bien entendu je ne garantis pas l'authenticité de l'anecdote, mais elle me fournit un double renseignement et je la cite à ce titre.

Brizzi était un ténor très remarquable ; malheureusement il perdit sa voix vers 1805 et l'on n'entendit plus parler de lui.

Il était pensionné du roi de Bavière et se retira à Munich en 1814.

En même temps qu'il engageait sa femme, Napoléon traitait avec Paër aux conditions relatées dans le traité suivant :

« Le soussigné Charles-Maurice de Talleyrand, prince de Bénévent, grand chambellan de Sa Majesté l'Empereur des Français, roi d'Italie, déclare par la présente avoir engagé M. Paër en qualité de compositeur de la musique de la chambre de Sa Majesté l'Empereur des Français, roi d'Italie, aux conditions suivantes :

Article 1er. — M. Paër dirigera la musique des concerts et du théâtre de la cour et composera toutes les pièces de musique qui lui seront commandées par l'ordre de Sa Majesté impériale.

Art. 2. — Il jouira d'un traitement annuel de 28,000 francs, lesquels lui seront payés en douze parties égales de mois en mois.

Art. 3. — L'engagement que prend M. Paër est pour toute la durée de sa vie, et il conservera en conséquence, sa vie durant, le *titre* de compositeur de la chambre de Sa Majesté, ainsi que le traitement ci-dessus mentionné.

Art. 4. — Il entrera en jouissance de son traitement à dater du 1er décembre 1806, époque à laquelle son service a commencé.

Art. 5. — Lorsque M. Paër devra suivre la cour dans ses voyages il recevra une indemnité calculée sur le pied de 10 francs par poste, de 24 francs par jour.

Art. 6. — Il lui sera accordé, chaque année, un congé pendant les mois de juin, juillet et août.

Art. 7. — M. Paër recevra pour frais de voyage de Varsovie à Paris la somme de 3,000 francs.

« Le voyage de Dresde jusqu'à Varsovie ayant été fait par ordre de Sa Majesté impériale et royale, il en sera dédommagé conformément à l'article 5.

« En foi de quoi le présent engagement a été expédié et sera donné à la partie contractante.

« Varsovie, le 1er janvier 1807.

« *Signé* : Charles-Maurice TALLEYRAND, prince de Bénévent ; Ferdinand PAER.

« Approuvé.
« *Signé* : NAPOLÉON.

« Par l'Empereur :

« *Le Ministre, secrétaire d'État,*
« HUGUES DE MARET. »

Il est bon de dire qu'aux 28,000 fr. de traitement que touchait Paër et aux nombreux avantages de sa situation, l'Empereur ajoutait 12,000 fr. de gratification annuelle.

Mme Paër obtient en outre une pension de 6,000 fr. sur la cassette impériale.

Parmi les virtuoses que Napoléon 1er aimait d'entendre, je citerai Mme Grassiani. Elle chantait à la cour dès 1801 et recevait un traitement de 30,000 fr., plus une gratification annuelle de 15,000 fr., prenait à chaque saison un congé qu'elle allait passer en Angleterre, ce qui lui rapportait 75,000 fr. et elle devait, en prenant sa retraite, toucher une pension de 15,000 fr.

Crescentini, qui fut engagé en Autriche par le duc de Bassano et M. de Remusat, en 1805, recevait 30,000 fr. L'empereur lui fit présent un jour d'une épée à fourreau d'argent, à poignée d'acier bruni, taillée en pointe, de diamant, et le virtuose était si fier de ce cadeau qu'il voulait le porter au côté dans tous ses rôles !

C'est Napoléon qui va nous faire connaître ce que gagnait Elleviou. En 1813, le célèbre chanteur terminait la période de son engagement à l'Opéra-Comique. Son traitement était de 84,000 fr. par an, non compris les congés et les gratifications ; le charmant chanteur demanda 100,000 fr.

Napoléon trouva non seulement que c'était trop, mais aussi que le chiffre de 84,000 fr. accordé était trop élevé et il exigea qu'il fût réduit à 60,000 fr, Elleviou fut vivement froissé et donna sa démission ; le 20 mars 1813, il organisa la représentation de retraite ainsi composée : *Félix ou l'enfant trouvé* de Montigny, *Adolphe et Clara* de Delayrac et *le Tableau parlant* de Grétry.

Mme Damoreau (Laure Cinthie-Montalant), connue sous le nom de Mlle Cinti, eut des commencements fort difficiles. A peine les concerts qu'elle donna vers 1815 — elle avait alors quinze ans — lui rapportaient-ils de quoi manger. En 1822, elle alla à Londres faire une saison au théâtre Italien, moyennant 12,500 fr. Puis nous la voyons revenir par l'Opéra avec 8,000 fr. de traitement. Grâce à Rossini, elle eut 12,000 fr. et en 1827, avant son départ pour Bruxelles, elle touchait 60,000 fr. y compris les feux.

Mlle Virginie Blasis, dont peu de dilettantes ont gardé le souvenir, bien qu'elle ait tenu l'emploi de *prima donna* au Théâtre-Italien, après la retraite de Mme Pasta, recevait, en 1827, 36,000 fr. Une particularité à signaler sur cette cantatrice : Très pieuse, elle mourut saintement à Florence, âgée de trente-quatre ans, et fut enterrée dans l'église de Santa-Croce, où son tombeau, sculpté par Pampaloni, se trouve encore.

***

On parle beaucoup et on parlera toujours de Rubini, mais on ne se souvient guère de son prédécesseur Donizelli, et cependant ce fut pour lui que Rossini écrivit le rôle de Torvaldo. Entré au Théâtre-Italien de Paris en 1824, aux appointements de

30,000 fr., il en sortit en 1831, émargeant 50,000 fr.

Nous voici arrivés à la période contemporaine, à cette période si vivement critiquée par les esprits moroses dont les plaintes, les récriminations m'ont amené à entreprendre le travail de recherches que l'on vient de lire.

J'aurais pu multiplier les preuves de mes dires; mais, même quand on a raison, surtout peut-être quand on a raison, il faut savoir se borner.

Ainsi que je l'ai dit en commençant cette revue du passé musico-financier des grands artistes lyriques, je n'ai pas eu la prétention d'écrire au point de vue anecdotique et artistique la vie tant de fois racontée — et bien racontée — des chanteurs et des cantatrices d'autrefois, j'ai voulu simplement et le moins sèchement possible, étant donnée la matière, prouver que nos ancêtres se montraient autant et plus généreux que nous quand il s'agissait de leurs plaisirs; et que si folie il y a à payer une cantatrice trois ou quatre fois plus qu'un général de division par exemple, cette folie les dilettantes de tous les siècles et de tous les pays l'ont commise et la commettront probablement toujours.

Cette démonstration je l'ai faite d'une façon irréfutable, avec cette éloquence indiscutable, brutale, qui s'appelle l'arithmétique.

En même temps que je prouvais que les anciens payaient les artistes plus chèrement que nous ne les payons, n'en déplaise aux pudibonds de notre temps, j'ai établi que ces mêmes anciens honoraient plus que nous les artistes lyriques qui s'élevaient au-dessus du niveau ordinaire.

J'ai montré les plus grands souverains, les plus illustres hommes d'État, choisissant pour confidents, pour amis, pour ambassadeurs chanteurs et cantatrices, sans s'inquiéter si celui qu'ils chargeaient d'une mission difficile, auquel ils confiaient un secret important, qu'ils admettaient dans leur intimité le matin, serait sifflé le soir.

Or en cela je prétends qu'ils faisaient bien, quand au talent ces artistes joignaient l'honorabilité; car en pareille matière nous ne séparons pas les deux choses.

CODA

LA PREMIÈRE AUX COMÉDIENS

Le *Journal officiel* du 7 août 1881 publiait le document suivant :

« Par décret en date du 4 août 1881, rendu sur la proposition du président du conseil, ministre de l'instruction publique et des beaux-arts, M. Got (Jules-François-Edmond), professeur au Conservatoire national de musique et de déclamation, professeur à l'École normale supérieure, a été nommé chevalier de l'ordre national de la Légion d'honneur. »

Ce décret a fait pousser à tous les artistes dramatiques un cri de joie et d'orgueil ! Enfin, se sont-ils dit, nous ne sommes plus hors du droit commun.

Eh bien, si j'avais l'honneur et le bonheur d'être un grand comédien, ce décret au lieu de me rendre joyeux m'aurait attristé et humilié, car on y trouve la preuve que, sous une apparence de libéralisme, le gouvernement a encore sacrifié bon gré mal gré à ce que l'on est convenu d'appeler un préjugé. Il a voulu braver l'opinion publique, donner un soufflet aux gouvernements qui l'ont précédé, et il a manqué absolument de courage.

En effet l'honorable M. Got n'a pas été décoré comme comédien, mais *quoique* comédien, ce qui est bien différent. Il a été fait chevalier de la Légion d'honneur comme professeur. Le gouvernement n'a pas osé ajouter officiellement : et doyen de la Comédie-Française.

.·.

Il y a aussi à faire remarquer que, contrairement à l'usage, ce décret ne porte pas mention de la déclaration du Conseil de l'ordre de la Légion d'honneur, portant que la nomination est faite en conformité des lois, décrets et règlements en vigueur.

Cette irrégularité a son importance et pourrait fournir à un *chicaneur* quelconque matière à une furieuse controverse. « Cette nomination, a dit à ce propos Alp. Karr, a été soumise, selon l'usage, à l'approbation du conseil de la Légion d'honneur. Elle n'a obtenu que cinq voix sur quatorze. Plusieurs des membres de la commission, dit le chancelier, un peu pour atténuer la chose, étaient absents et en villégiature. En conséquence, il proposait de remettre la nomination au mois d'octobre.

« Eh bien ! nos gouvernants ont décidé de passer outre, n'ayant pas l'intelligence de comprendre que dans cette rencontre, où il s'agit d'une nomination inusitée, blessant certaines opinions, certains préjugés, si vous voulez, il fallait agir avec une complète et rigoureuse correction, qu'il ne fallait pas admettre la plus petite nuance d'irrégularité, qu'il ne fallait négliger aucune formalité, même la plus minutieuse, aucune des « herbes de la Saint-Jean. »

En cette circonstance le gouvernement a manqué de sagesse comme il avait manqué de courage.

.*.

Revenons à la joie des comédiens.

On me dira : le premier pas est fait, la porte est entrebâillée, demain on l'ouvrira à deux battants ; c'est possible, c'est probable même ; mais ce jour-là M. Got aura le droit d'être blessé, et croyons bien qu'il le sera.

M. Got est trop intelligent, trop fait aux petites, comme aux grandes misères humaines, aux mystères de la renommée, de la gloire même, pour ignorer que les plus grands noms tombent tôt ou tard dans l'oubli et qu'il en est même qui ne franchissent pas certaines limites restreintes, limites de clocher ou limites de pendules. Alexandre Dumas père raconte quelque part comme quoi il apprit un jour qu'un cocher de cabriolet parisien ignorait jusqu'à son nom. Il est encore bien des endroits où le nom de Napoléon est absolument inconnu et où celui de Talma ne pénétrera jamais. Si donc un jour quelque chroniqueur, en quête de documents spéciaux, retrouve le décret du 4 août; il soutiendra preuves en mains qu'il ne s'applique pas à un comédien mais à un professeur.

J'ai donc raison de dire, qu'officiellement, ce décret ne prouve rien, quant au droit de porter la croix d'honneur que revendiquent les comédiens. C'est un expédient mesquin et indigne d'un gouvernement qui a conscience de ses actes et qui entend les faire respecter. Si l'on voulait faire entrer M. Got comédien dans le palais de la Légion d'honneur, il fallait lui en ouvrir les portes à deux battants et non l'y faire pénétrer subrepticement et sous un déguisement. Demandez par exemple à M. Coquelin aîné, ce qu'il en pense ! J'étais tout prêt de lui au Conservatoire, lorsque le 4 août, M. Turquet annonça que M. Got, professeur au Conservatoire et à l'École normale, était fait chevalier de la Légion d'honneur ; M. le sous-secrétaire d'État eut beau ajouter que le gouvernement n'oubliait pas que M. Got était aussi le doyen de la Comédie-Française, ce *post scriptum* n'apaisa pas Scapin — ce que je comprends fort bien.

.•.

Ces observations présentées en l'espèce, je me hasarde à examiner quelque peu la question et voici ce que je dis aux artistes dramatiques et lyriques : Ceux d'entre vous, messieurs et mesdames, qui m'auront fait l'honneur de me lire, reconnaîtront, je l'espère, que je suis de ceux qui tiennent le comédien en aussi haute estime que le peintre, le sculpteur, le poëte, le savant, le commerçant, le banquier et le militaire. Il n'est plus, n'en déplaise à Jean-Jacques, différent en cela de Labruyère, Dieu merci de notre temps de parquer les hommes par profession, par classes, et d'avoir des parias. Je veux qu'on paie cher, aussi cher qu'il convient à l'impresario, la voix du chanteur et le talent de la cantatrice, mais il est bien entendu que je n'admets avec l'argent l'estime et la considération que pour l'honnête homme et pour l'honnête femme.

Par exemple, pour ne parler que des morts, devrat-on mettre sur le même pied dans l'estime des gens de bien la vaillante et honorée Rose Chéri et Sophie Arnould, la digne madame Taigny et Marie Antier, etc., par cela seul que les unes et les autres ont été des artistes de talent ? Et ce que je dis des comédiens et des chanteurs s'applique à tous les artistes; ceci posé, j'ajoute pour être conséquent : Tous les mérites doivent être récompensables quand ils sortent des limites ordinaires : mais doivent-ils être récompensés tous de la même façon ? c'est ici le point délicat dans l'espèce, et sans hésiter je réponds : Non ! Cela est inadmissible, par la raison toute simple, par exemple, que celui qui, par un trait de bravoure, a sauvé la patrie, ou celle qui a passé sa vie à faire acte de dévouement aux pauvres, ne peuvent être assimilés à celui que la nature a créé comédien, à celle que le travail a faite cantatrice.

Veut-on que le monde par exemple, place sur la même ligne Vestris et le maréchal de Saxe ? Bouffé qui fut un grand artiste et le maréchal Pélissier ? Mlle Mars et la sœur Rosalie ?

Je prends à dessein des sommités. La thèse ne me parait pas soutenable.

***

Si, par impossible, on veut admettre cette égalité devant la reconnaissance du pays en faveur des exceptions artistiques que je viens de citer, car il importe de rappeler que la croix d'honneur a été créée pour récompenser les services rendus au pays, il faut ne pas s'arrêter en route et dire : tout artiste dramatique, tout comédien quel que soit son genre, du moment qu'il atteint la perfection, pourra être fait chevalier de la Légion d'honneur. A ce compte Deburau aurait pu être légionnaire; pourquoi pas aussi Mazurier ? pourquoi pas Léotard, pourquoi pas madame Saqui ?

On ne niera pas, j'espère, que ces quatre individualités n'aient été des illustrations, chacune dans son genre.

Qu'on ne se récrie pas; Deburau, Mazurier, Léotard, madame Saqui, honnêtes dans la noble acception du mot, peuvent marcher de pair avec les chefs d'emploi de nos plus grands théâtres, et si ces chefs d'emploi ne sont pas de mon humble avis c'est qu'ils n'admettent pas l'égalité devant le talent.

Le talent d'un acrobate! murmurera-t-on; pourquoi pas ? on dit bien le talent d'un cuisinier. Est-ce que Bathyle ne s'estimait pas autant que Roscius ?

Si ce rapprochement froisse quelques individualités supérieures du monde théâtral, ce qui est loin de mes intentions, je leur demanderai si celles trouvent mauvais que le danseur Mérante ait été fait officier d'Académie, comme M. Duruy, ancien grand maitre de l'Université, ancien ministre de l'Instruction publique.

* *

Et pour entrer plus encore dans le vif de la question, pour prendre, sans faux-fuyant, le taureau par les cornes, qui osera soutenir que M. Coquelin aîné, comédien hors pair, puisse être, à ce titre, grand-croix de la Légion d'honneur, comme le général Bourbaki ; et que la grande comédienne qui a nom Madeleine Brohan ; la plus justement admirée et recherchée des cantatrices, Mme Adelina Patti, puissent recevoir la croix de la Légion d'honneur comme sœur Thérèse et sœur Dusoulier, servantes des pestiférées. J'espère que ma comparaison ne blessera pas les susceptibilités des artistes éminents que j'ai cités et je leur laisse le soin de répondre, car on n'a encore de meilleur juge de soi-même que soi.

Mais au demeurant pourquoi donc ces plaintes incessantes, ces récriminations amères des comédiens à propos de la prétendue inégalité à laquelle, disent-ils, on les condamne ? Je suis absolument de l'avis de l'auteur des *Guêpes* qui dit avec raison que le comédien est un être privilégié. Je parle bien entendu des grands artistes.

« Quand on demande « l'égalité » pour les comédiens, on devrait penser qu'il faudrait les y ramener à reculons, parce qu'ils l'ont depuis longtemps dépassée. Voyez les ovations faites ces jours-ci à Mlle Sarah Bernhardt, rappelez-vous le bracelet donné par la reine d'Angleterre avec cette inscription : Victoria à Rachel.

« Jamais Rossini, Donizetti, Meyerbeer, Verdi, Halevy, Gounod, etc., etc., n'ont reçu la centième partie des hommages enthousiastes rendus à la Sontag, à la Malibran, à la Frezzolini, à Mlle Falcon, à Mme Viardot, à la Cinti-Damoreau, à Sophie Cruvelli, à la Patti, à la Nilsson, etc., etc.

« Notez aussi que si, en même temps que la profession du comédien continue à être le métier le plus richement rétribué, sa condition sociale devient de tous points égale à celle d'un magistrat, par exemple, qui, au plus haut point, au grade le plus élevé ou puissent le porter de longues études, une vie austère, etc., est loin de recevoir jamais la trentième partie de l'argent qu'encaisse un comédien de talent ou seulement un comédien à la mode, il sera difficile qu'un magistrat ayant une voix belle et sonore, ou simplement un joli filet de voix, ou même une laideur originale, un nez excessif, ne s'empresse de monter sur les planches. »

Je parlai plus haut de ce qu'il y avait de singulier dans l'assimilation du comédien de talent au grand

capitaine ou même au simple soldat qui a accompli
un acte d'héroïsme; continuant mon argumentation,
je demanderai aux partisans de la croix d'honneur
pour les comédiens, ce qu'ils pensent du parallèle
suivant.

D'un côté un soldat, un vieux sous-officier qui
possède à son actif vingt-cinq ans de services, dix
campagnes, cinq blessures, trois ordres du jour. On
lui donne la croix d'honneur avec cent cinquante
francs de pension ou la médaille militaire avec une
indemnité annuelle de cent francs.

De l'autre un chanteur ou un sociétaire de la
Comédie-Française, qui gagne cent mille francs par
an et qui, lui aussi, est fait chevalier de la Légion
d'honneur, ce qui ne l'empêche pas de gagner ses
cent mille francs par an!

* *

Est-ce à dire que j'admets que tous les talents aient
droit à la croix d'honneur, excepté le talent du comédien? est-ce à dire que j'approuve qu'on fasse
officier de la Légion d'honneur un fabricant de faux-
cols? non vraiment; mais c'est justement parce que
cette haute récompense me paraît, dans certains cas,
excessive et déplacée que je n'estime pas qu'il faille
l'étendre encore.

Et comme je crois qu'une démonstration doit être
poussée jusqu'aux dernières limites, voici ce que je
dirai pour compléter la mienne: Si vous admettez
que le comédien puisse recevoir la croix d'honneur

comme le soldat, vous arriverez nécessairement à cette conséquence : De même que le plus humble des fantassins recevra la croix sur le champ de bataille, pour avoir, lui obscur, lui perdu dans la foule, accompli un acte d'héroïsme, lui dont la carrière était restée jusque-là sans éclat et qui n'aura peut-être que ce trait-là en sa vie, de même aussi vous pou-vez décorer le comédien sans notoriété, qui aura créé un rôle avec un talent exceptionnel.

L'on dira que je pousse l'argumentation à l'extrême. — C'est mon droit, il n'y a pas de transaction avec les principes. Ce que je voudrais, par exemple, et si j'étais en puissance de le faire, ce serait fait aujour-d'hui et non demain, c'est qu'en France comme dans tous les pays, il y eût une distinction honorifique par-ticulière pour les artistes dramatiques et lyriques, comme pour tous les autres artistes, sans catégorie, sans classification; et je voudrais que cette distinction fût si considérée, décernée avec tant de soin et de parcimonie que les Talma, les Rachel, les Got, les Nourrit, les Faure, les Krauss. les Carvalho, fussent brûlés du noble désir de l'obtenir et n'enviassent pas la croix d'honneur des maréchaux de France : Est-ce que le roi de France n'avait pas le collier de l'ordre de Saint-Michel à mettre au cou de la dame Hu-berti ?

J'entends qu'on me dit : Quoi vous excluez même Molière, même Talma !

Molière et Talma eussent, à mon humble avis, dû être nommés chevaliers de la Légion d'honneur au même titre que l'ont été ou que le sont : Samson, Dupré, Regnier, Aubin, Levasseur ! c'est-à-dire quand ils n'auraient plus appartenu au théâtre et qu'ils auraient rendu au pays d'autres services que de jouer la comédie d'une façon merveilleuse.

Autrefois un comédien ne pouvait, même dans un rôle, porter les ordres du roi. Sous la Restauration, il était interdit d'arborer la croix de Saint-Louis au théâtre ; Napoléon avait fait les mêmes défenses à propos de l'ordre de la Légion d'honneur, et l'on sait combien Napoléon Ier protégeait les grands artistes.

Les avocats des comédiens ont pour argument suprême, pour épée de chevet l'opinion de Napoléon Ier. Ils nous rappellent que l'Empereur a décoré Crescentini et qu'il a failli faire Talma chevalier de la Légion d'honneur.

J'ai eu occasion de parler de Crescentini dans la première partie de ce livre. Napoléon lui avait donné le titre de premier chanteur de la cour avec trente mille francs de traitement.

Quant à la décoration du célèbre Soprano, c'était celle de *la couronne de fer*, ordre des rois lombards, ordre étranger créé par Napoléon en 1805. Cependant la décision fit scandale. L'anecdote est racontée de diverses façons, nous en empruntons le récit au supplément du *Figaro*, du mercredi 24 août 1881.

« Auber nous a souvent raconté qu'il assistait à la fameuse soirée où fut décoré Crescentini. Quand, dans une représentation aux Tuileries, le chanteur eut attaqué son motif proféré, *Ombra adorata*, l'effet en fut si saisissant, l'organe du chanteur prit des tons si touchants, cette émotion se prolongea avec tant de force et de durée que les larmes vinrent aux yeux de tous les auditeurs. Les paupières de Napoléon s'humectèrent, dit-on, et, transporté d'enthousiasme, au milieu des applaudissements frénétiques de ce public d'élite, l'Empereur, qui n'était plus maître de lui-même, se retourna vers un chambellan de service et s'écria : « Allez lui dire ça, je lui donne la *Couronne de fer.* » On sait que cette décoration était la décoration italienne des rois lombards ; il n'y avait, au premier abord, rien d'insolite à ce qu'elle fût accordée à un Italien, mais cet Italien était un comédien. Comme nous le verrons plus bas, là était l'énormité.

« Aussitôt que le bruit d'une aussi haute faveur se fût répandu dans la salle (on se le répéta tout bas d'oreille à oreille), Auber nous dit que ce n'était pas de l'étonnement, mais de la stupéfaction. Tous les yeux étaient fixés sur la place où était l'Empereur, lorsqu'au bout d'un quart d'heure, on vit le chambellan revenir dans la loge impériale, pour rendre compte de sa mission. On remarqua que la contenance de l'Empereur devint alors embarrassée. La salle entière ne put se livrer qu'à des conjectures.

« Le lendemain, Auber sut, par son oncle, le mot de l'énigme, lorsque celui-ci lui apprit les termes même de ce court dialogue : « Eh! bien! avait demandé l'Empereur vivement et comme avec inquiétude, qu'a-t-il dit ? — Rien, Sire, avait répondu le chambellan ; Crescentini *n'a pu parler, il est demeuré confondu.* » En entendant ce dernier mot, Napoléon fut *confondu* lui-même et se mordilla les lèvres, sans rien dire à son tour ; il venait de s'apercevoir qu'aux yeux du comédien lui-même, il avait fait fausse route. Quoi qu'il en soit, le *chevalier* Crescentini n'en porta pas moins sa décoration, malgré les plaisanteries parisiennes qui ne firent pas défaut sur cet incident.

« On se demanda si c'était à la boutonnière que le nouveau chevalier devait porter son ruban ; on assura même qu'il avait besoin de bien d'autres choses que d'une couronne de fer, etc. »

On voit par ce récit que l'argument tourne contre ceux qui l'évoquent.

Voyons maintenant comment Napoléon a failli faire Talma chevalier de la Légion d'honneur. Voici ce que dit le *Mémorial de Sainte-Hélène,* page 294, t. II.

« Dans mon système, observait l'Empereur, de mêler tous les genres de mérite et de rendre une seule et même récompense universelle, j'eus la pensée de donner la croix de la Légion d'honneur à Talma. Toutefois, *je m'arrêtai* devant le caprice de nos mœurs, le ridicule de nos préjugés, et je voulus, au préalable, faire un essai perdu et sans conséquence : je donnai la Couronne de fer à Crescentini. La décoration était étrangère, l'individu était lui-même étranger ; l'acte devait être moins aperçu et ne pouvait compromettre l'autorité, tout au plus lui attirer quelques mauvaises plaisanteries.

« Eh bien, résumait l'Empereur, voyez pourtant quel est l'empire de l'opinion et sa nature ! *Je distribuais des sceptres à mon gré*, l'on s'empressait de venir se courber devant eux et *je n'aurais pas eu le pouvoir* de donner avec succès *un simple ruban* ; car je crois que mon essai tourna fort mal. — Oui, Sire, très mal, continua M. de Lascases. Il fit grand bruit dans tout Paris, il emporta l'anathème de tous les salons : la malveillance s'en donna à cœur joie et fit des merveilles. Même, dans une des belles soirées du faubourg Saint Germain, l'indignation qu'il avait causée se trouva tout à coup noyée dans une plaisanterie.

« C'était une abomination, disait un beau parleur, une horreur, une véritable profanation. Et quel avait dû être le titre d'un Crescentini ? s'écriait il. Sur quoi, la belle Mme Grassini se leva majestueusement de son siège, lui répliqua du geste et du ton le plus théâtral : *Et sa blessoure donc, monsiour, et sa blessoure*, pour quoi la comptez-vous ? Ce fut, alors, un tel brouhaha de joie, d'applaudissements, que la pauvre Mme Grassini se trouva fort embarrassée de son succès. L'empereur, qui entendait cette anecdote pour la première fois, en a beaucoup ri, il y est revenu souvent depuis et l'a, parfois, racontée à son tour. »

Je vais certainement étonner certains artistes désireux de distinctions honorifiques en leur apprenant qu'un chanteur illustre refusa énergiquement des lettres de noblesse. Ce dédaigneux était Jean Bernard Forst, de Mies en Bohême. Le souverain qui les lui offrit était tout simplement Joseph Ier empereur d'Allemagne (1690). J'ajouterai que le virtuose ne se fit nullement scrupule d'accepter la pension viagère de cent florins qui lui fut proposée en échange.

Et à propos de la noblesse chez les artistes, nous poserons cette question : Pourquoi donc ceux qui appartiennent à une famille noble s'empressent-ils, dès qu'ils entrent au théâtre, de dissimuler leur nom derrière un pseudonyme ? A quel sentiment obéissent-ils en agissant ainsi ? Si, — et c'est notre avis — ce métier de comédien n'a rien de honteux, pourquoi n'osent-ils pas garder leur vrai nom au théâtre ?

Quoi que vous disiez, me répondra-t-on sans doute après avoir lu tout ce qui précède, la question de la Légion d'honneur ouverte aux comédiens est maintenant tranchée par la nomination de M. Got et celle de M. Faure.

A cela je réponds : pas encore tout à fait.

Le gouvernement n'a pas fait un comédien légionnaire, il a nommé un professeur de plus chevalier de la Légion d'honneur, ainsi qu'en témoigne le décret du 4 août 1881. Quant à M. Faure, c'est comme ancien professeur et ancien artiste de l'Opéra; or, M. Faure n'appartient plus à l'Opéra. Pour que tout soit dit sur cette question, il faut qu'un comédien en exercice et n'étant que comédien soit fait chevalier comme comédien, avec l'avis conforme de la chancellerie.

Et sur ce, chers artistes, il ne reste plus à votre admirateur et serviteur qu'à vous applaudir.

ARTISTES

AYANT REÇU DES DISTINCTIONS HONORIFIQUES

DES HONNEURS PARTICULIERS

OU DES RÉCOMPENSES EXCEPTIONNELLES (1)

—————

LÉGION D'HONNEUR

DUPREZ (*Albert-Louis*) né en 1806, artiste lyrique, chevalier de la Légion d'honneur (1865); officier d'académie (France). Duprez ne fut pas, comme on le croit généralement, décoré comme professeur, mais en qualité de compositeur et, après sa sortie du théâtre, il n'a reparu sur aucun théâtre en public, car on ne peut qualifier de théâtre la petite scène de l'école Duprez, petite scène d'où

(1) Cette liste est forcément incomplète. D'abord parce qu'en dehors des pièces officielles, déjà difficiles à se procurer, beaucoup de nominations n'ont paru dans aucun journal; ensuite parce qu'un certain nombre d'artistes s'abstiennent de porter le ruban de l'ordre qui leur a été décerné. Enfin, parce que quelques-uns ont eu le bon goût de ne pas répondre aux lettres qui leur ont été adressées en vue d'obtenir des renseignements sur les distinctions honorifiques dont ils ont été l'objet. Quand il s'agit d'artistes qui portent le ruban, comme M. Febvre de la Comédie-Française, par exemple, le procédé est sans conséquence, les couleurs arborées suffisent à vous édifier; mais pour les autres, comme M. Dupuis des Variétés, il faut s'en rapporter aux on dit, aux indiscrétions, et dame! ces renseignements ne peuvent pas être garantis bon teint.

sont sortis tant de grands artistes dignes du maître, depuis Mᵐᵉ Caroline Duprez jusqu'à Mˡˡᵉ Isaac. Ce fut M. Camille Doucet qui annonça au grand artiste cette heureuse nouvelle et quelques jours après lui donna l'accolade. « Cette nomination, dit M. Duprez dans ses *Mémoires*, à laquelle je ne m'attendais aucunement, compensa quelque peu le chagrin qui m'était réservé pour la première représentation de *Jeanne d'Arc*. » Mᵐᵉ Duprez, qui adorait son mari, faillit s'évanouir de plaisir et l'illustre et honorable maître reçut une véritable ovation de la part de ses élèves — disons ses enfants.

Faure (*Jean-Baptiste*) né à Moulins, artiste lyrique, chevalier de la Légion d'honneur en 1882, comme ancien professeur et ancien artiste de l'Académie de musique. On sait que M. Faure continue de chanter au théâtre.

Got (*Edmond*) né en 1823, artiste dramatique, chevalier de la Légion d'honneur, août 1881, comme professeur au Conservatoire et à l'École normale, mais étant encore au théâtre; officier d'académie (France). M. Got ne fut nullement surpris. Non seulement il était depuis longtemps question pour lui de cette distinction, mais la chronique rapporte que le grand artiste la considérait comme un dû tardivement soldé.

Levasseur (*Nicolas-Prosper*) né à Bresle, en 1791, artiste lyrique, comme professeur au Conservatoire; n'a plus chanté au théâtre.

OBIN (*Louis-Henri*) né en 1820, artiste lyrique, comme professeur au Conservatoire en 1879, et ayant quitté le théâtre.

REGNIER DE LA BRIÈRE, (*François-Joseph*) né en 1807, artiste dramatique ; comme professeur au Conservatoire (5 août 1872); est rentré au Théâtre-Français en 1873, comme directeur de la scène, fonctions qu'il a quittées le 1ᵉʳ avril 1875, mais n'a pas reparu sur le théâtre comme comédien devant le public.

SAMSON (*Joseph-Isidore*) né en 1793, à Saint-Denis (Seine), comme professeur au Conservatoire, en 1864. Avait quitté le théâtre. Après avoir été décoré, Samson reparut une fois en public. C'était au Théâtre-Lyrique de la place du Châtelet, en 1869, vers le milieu de l'été, et dans une représentation donnée au bénéfice de son petit neveu, tombé au sort. Samson joua une de ses pièces qui avait obtenu un certain succès autrefois, *la Belle-mère et le gendre*, en compagnie de M. Garraud, de MMᵐᵉˢ Emma-Fleury et Provost-Ponsin. La Comédie Française répondant à l'appel de son ex-doyen, s'était du reste transportée en masse ce soir-là au Théâtre-Lyrique, et joua *Paul Forestier*. Les artistes du Gymnase jouèrent les *Jurons de Cadillac* et *Comme elles sont toutes*. Rappelons en passant que ce fut aussi le théâtre qui sauva Samson de la conscription.

SEVESTE (*Jean-Didier*) né à Paris, le 4 avril 1846, mort le 31 janvier 1871, artiste dramatique, décoré

pour sa belle conduite, comme engagé volontaire
dans les francs-carabiniers de Paris. Mis trois fois
à l'ordre du jour, blessé mortellement au combat
de Buzenval. Ce fut une véritable décoration *in
extremis* et nos renseignements personnels nous
permettent de dire que si ce vaillant garçon n'eût
pas été blessé à mort, il n'eût pas reçu la croix de
la Légion d'honneur, mais la médaille militaire
seulement, comme les artistes que nous allons citer.

MÉDAILLES MILITAIRES

Auguez, artiste lyrique, cet artiste faisait partie du
2° bataillon des mobiles de la Seine, il a reçu
cette distinction pour sa belle conduite au combat
d'Épinay.

Berthet (*Adrien-Blondel, dit*) né à Paris, en 1848,
artiste dramatique ; s'était engagé au premier bataillon des mobiles de la Seine ; reçut cette distinction après le combat d'Épinay où il avait fait
preuve de courage et de patriotisme. M. Berthet,
particularité à signaler, est avocat ; avant d'entrer
au théâtre, il était chef de cabinet dans une pré-
fecture importante. — Ainsi, lui disait un jour
un ami, tu n'as pas toujours joué la comédie ?
— Bast ! l'administration est un théâtre comme
un autre, seulement la comédie qu'on y joue est
moins amusante et coûte plus cher..... au public.

Jourdain (*Louis-Julien*) né à Milhaud (Gard), janvier
1849, artiste lyrique ; appartenait au 17ᵉ régi-

ment de ligne. Engagé volontaire en 1867, il a reçu la médaille militaire le 6 août 1870, au combat de Frœsswiller. Il était alors sergent-fourrier. Sa compagnie, qui avait reçu l'ordre de tenir quand même la position qui lui avait été confiée, comptait cent trente hommes combattant. Elle en perdit vingt-neuf et eut cinquante-sept blessés. Le combat avait duré de cinq heures du matin à trois heures de relevée. Au nombre des blessés se trouvaient cinq caporaux et quatre sergents. Le lieutenant était mort au commencement de la journée. Sur quatre médailles décernées au régiment, deux l'ont été à la compagnie de M. Jourdain, dont une à un soldat. M. Jourdain a été en outre cité à l'ordre du jour de l'armée pour avoir enlevé le drapeau du 134ᵉ fédéré, sur la barricade Rochechouard; et pour qu'aucun honneur ne manquât à notre soldat artiste, il fut blessé dans cette horrible guerre.

PALMES ACADÉMIQUES
DÉCORATIONS ÉTRANGÈRES, HONNEURS, RÉCOMPENSES (1)

Dames artistes.

CARVALHO (*Caroline-Marie-Félix-Miolan*) artiste lyrique, née le 31 décembre 1831; grande médaille du mérite et du génie de Hollande (1868).

(1) La lettre A qui suit le nom de l'ordre étranger indique que l'autorisation de porter la croix a été demandée et accordée par la Grande Chancellerie de la Légion d'honneur. Toute

GARCIA (*Eugénie*) née à Paris, en 1818, artiste lyrique; médaille du mérite du roi des Pays-Bas.

KRAUSS (*Gabrielle*) née à Vienne (Autriche), en 1842, artiste lyrique; officier d'académie (France), 1881.

LAURENT (*Marie Eudoxie-Yvose, dame Amédée de Jallais, dite*), née à La Rochelle, en 1826, artiste dramatique; médaille du mérite et du génie de Hollande.

LIND JENNY (*Madame Goldschmidt*) née à Stokholm, le 6 octobre 1821, artiste lyrique; médaille *pro litteris et artibus* de Suède, en brillants, avec le droit de la porter au cou attachée au ruban de l'ordre des Séraphins, 1881. (Cette dernière faveur est spéciale à Mme Goldschmidt). D'autres artistes ont reçu la médaille de Suède, mais sans cette autorisation particulière. L'ordre des Séraphins est le plus ancien et le plus considéré des ordres suédois. Le seul fait du port du ruban est une grande faveur, car un chevalier de l'ordre des Séraphins qui n'a pas reçu l'accolade, peut porter la plaque mais non le ruban avec la croix.

LA LUCCA (*Pauline, baronne de Ruhden*) née à Vienne, en 1841, artiste lyrique; reçoit du roi de Prusse l'autorisation de faire avancer sa voiture jusqu'au

décoration non suivie de cette initiale A n'a pas été autorisée. Les médailles se portent sans autorisation spéciale, mais le ruban ne doit pas être porté seul. L'auteur adresse ici ses remerciements empressés aux artistes courtois qui ont bien voulu répondre à son appel et l'aider ainsi à constituer cette espèce de livre d'or de l'art théâtral.

perron réservé à Sa Majesté, au grand théâtre de Berlin. Ce privilège lui fut accordé pour protester contre la cabale montée contre elle dans une représentation du *Mariage de Figaro*. On l'y avait outrageusement sifflée.

MALIBRAN (*Maria-Felicia-Garcia de Beriot*) née à Paris, en 1808, artiste lyrique. Nous avons lu quelque part qu'un souverain étranger avait ordonné que les troupes du palais prissent les armes et lui rendissent les honneurs militaires, quand l'incomparable artiste viendrait se faire entendre à la cour. On battait aux champs quand elle entrait au Palais.

PATTI (*Adelina, marquise de Caux*) née à Madrid, en 1843; médaille d'or du mérite de Prusse.

QUINAULT (*Marie-Anne*), cantatrice, comédienne et compositeur. Elle était la sœur du comédien de ce nom. Grâce à la bienveillance du duc d'Orléans, elle reçut le cordon de Saint-Michel. Fétis ajoute qu'elle est la seule femme qui ait reçu cette distinction et qu'aucune ne la reçut après elle. Fétis se trompe, comme on le verra plus bas. Elle était de plus logée, servie et nourrie au Louvre. Elle y resta soixante ans, y mourut à l'âge de 103 ans, après avoir épousé secrètement le comte de Nevers. Elle était très considérée et recevait brillante et nombreuse compagnie.

SARAH BERNARDT (*Rosine, aujourd'hui madame Damala, dite*) née à Paris, en 1844, artiste dramatique; médaille du mérite du Danemark.

SAINT-HUBERTI (*Antoinette-Cécile, Clavel, dite*) née à
Toul, en 1756, artiste lyrique; grand cordon de
Saint-Michel. Peu de femmes artistes ont reçu au-
tant d'ovations et d'honneurs de toutes sortes.

STOLTZ (*Rose-Niva, dame Lécuyer*) née en Espagne,
en 1813, artiste lyrique; ordre du mérite de Saxe,
croix de chevalier avec les mots : *Fur Verdieust :*
au mérite.

LA TRIBELLI-BETTINI, artiste lyrique; médaille d'or
pro litteris et artibus (Suède).

COMÉDIENS ET CHANTEURS

Je rappellerai d'abord pour mémoire :

LORETTO VITTORI, chevalier de la Milice dorée, avril
1622 (Italie).

BALTHASAR FERRI, chevalier de Saint-Marc, 1645
(Italie).

FARINELLI (*Carlo Broschi dit*) né à Naples en 1705,
chevalier de l'ordre d'Alcatarva (Espagne), 1737.
Insignes en diamants; décoré de la main de la
Reine. Farinelli jouissait de la plus grande faveur.
A la cour, il était aussi puissant qu'un ministre.
Voici en quelles circonstances la Reine le décora,
au grand scandale des courtisans : On sait que
Philippe V était tombé dans une maladie noire
dont rien ne pouvait le tirer. Il ne prenait aucun
soin de sa personne et entre autres négligences,
refusait de se laisser faire la barbe. La reine Éli-
sabeth de Ferrare ayant appris que Farinelli était à

Madrid, le fit venir au Palais, organisa un concert dans les appartements du roi et pria l'artiste de chanter des airs doux et mélancoliques. Le roi séduit, charmé, demanda au chanteur quelle récompense il désirait ; quelle qu'elle soit, je jure de vous l'accorder. — Sire, répondit en substance Farinelli, que Votre Majesté daigne se faire faire la barbe.

GUADAGNI (*Gaetan*) chevalier de Saint-Marc (1747) titre qui lui fut décerné au lendemain d'une représentation d'*Orfeo* à Venise.

AURIOL (*Jean-Baptiste*) né à Toulouse, en 1808, gymnaste ; médaille d'or donnée par la reine d'Espagne. C'est le premier et, croyons-nous, l'unique artiste de cette catégorie, qui ait obtenu une pareille faveur de la part d'un souverain. On a prétendu qu'Auriol, en recevant cette distinction, avait fait une cabriole extraordinaire. Rien n'était moins dans le caractère du célèbre gymnaste ; un ancien régisseur du cirque Franconi nous a dit au contraire qu'il en avait pleuré de joie.

CAPOUL (*Joseph-Amédée-Victor*) né à Toulouse, en 1839, artiste lyrique ; ordre de Nicham Ifstikar, 3e classe, de Tunis. Chevalier. A. Décembre 1868.

COQUELIN (*Benoît-Constant*) né à Boulogne-sur-Mer, 25 janvier 1841, artiste dramatique, ordre de François-Joseph d'Autriche. Chevalier. A. janvier, 1880, ordre de Danebroc, 4e classe, Danemark. Chevalier, ordre de Saint-Jacques (Portugal). M. Coquelin ne porte pas ses décorations. Depuis qu'il aspire à la croix d'honneur les ordres étrangers n'existent plus pour lui.

COTOGNI, artiste lyrique ; ordre du Christ, de Portugal, 1872. Chevalier.

DELAUNAY (*Louis-Arsène*) né à Paris, en 1826, artiste dramatique ; ordre de l'Étoile de Roumanie ; cette distinction a été accordée à l'éminent comédien pour le récompenser d'avoir donné gratuitement des leçons à de jeunes Roumains.

DERVAL (*Hyacinthe d'Obigny de Ferrières*), né en 1805, officier d'Académie en 1869, (France), médaille d'or décernée par le ministre de l'intérieur de France, « pour perpétuer, dit le brevet, dans sa famille et parmi ses concitoyens le souvenir des services rendus aux sociétés de secours mutuels des artistes. » Cette médaille peut se porter à la boutonnière, ruban bleu foncé liseré de noir. On offrit un jour la Légion d'honneur à M. Derval, comme membre du Comité des artistes dramatiques, à la condition qu'il s'engagerait à ne plus jouer la comédie. L'ancien père noble du Gymnase répondit, non sans quelque fierté, qu'il était décidé déjà à ne plus paraître sur la scène, mais qu'il se refusait à en prendre l'engagement formel, par respect pour la dignité professionnelle.

DUCHENE (*Éloi-Adolphe*) artiste lyrique, ordre du Nicham Ifstikhar, 3e classe. Chevalier A. janvier 1879. M. Duchêne fut fait prisonnier par les Prussiens, qui lui réservaient un assez mauvais sort, quand une cantatrice allemande avec laquelle il avait chanté à Paris l'ayant reconnu, affirma qu'il n'était nullement un espion, mais un excellent ténor ; la constatation de cette identité sauva l'honorable artiste d'une longue captivité.

DUPONT-VERNON, artiste dramatique, professeur au Conservatoire, officier d'académie, 1881 (France).

DUPUIS (*Adolphe*) né à Paris en 1825, artiste dramatique ; médaille d'or pour être portée au cou sur le Ruban de Saint-André (Russie), comme membre du Comité de la guerre à Saint-Pétersbourg ; a reçu, en 1871, une croix de bronze, pour sa coopération à l'œuvre de la société russe ; en 1877-78, croix commémorative qui se porte sur le côté gauche de l'habit. Il existe depuis très longtemps à Pétersbourg un Comité français de Bienfaisance dont les membres sont nommés par la colonie. M. Dupuis a eu l'honneur de faire partie de ce Comité pendant dix ans. En 1871, ce Comité s'adjoignit une trentaine de membres parmi lesquels figuraient un Pope, le Pasteur de l'Église réformée, le Rabbin, le Supérieur des Dominicains, etc. Ce n'est pas sans intention que nous rappelons la composition de ce Comité, car elle indique en quelle haute estime notre sympathique artiste était tenu. Il s'agissait de venir au secours des blessés et de recueillir le plus d'argent possible, ce qui eut lieu, grâce au concours de tous. Le Comité n'eut à essuyer aucun refus et l'humanité présidait seule à ces séances. C'est à cette occasion que M. Dupuis, qui était un des membres les plus actifs de ce Comité, reçut cette croix de bronze. Lorsque la guerre éclata entre la Russie et la Turquie, il se forma un Comité russe à peu près semblable pour créer des ambulances et venir en aide aux blessés. M. Dupuis concourut à cette œuvre avec un zèle au-dessus de tout éloge, en organisant des représentations où il payait de son talent, et des fêtes de charité. Ce fut à ce propos que notre honorable compatriote reçut la croix commémorative. Cette croix est rouge émaillée, entourée d'un ruban d'argent et surmontée de la couronne impériale. Nous saisirons cette occasion pour constater que, partout où ils se trouvent, les artistes français à l'étranger sont toujours les premiers à prêter leur concours aux œuvres humanitaires, soutenant ainsi la vieille réputation de charité et de générosité de la France.

Dupuis (*José*) né à Liége en 1831, artiste dramatique (Variétés), ordre de François-Joseph d'Autriche.

Faure (*Jean-Baptiste*) né à Moulins, 15 janvier 1830, ordre de Léopold (Belgique), chevalier ; ordre des saints Maurice et Lazare (Italie), chevalier ; ordre du Christ (de Portugal), chevalier ; ordre d'Isabelle la Catholique (Espagne), chevalier. M. Faure a le titre de chanteur de la chambre de l'empereur d'Autriche. Nous devons omettre quelques ordres, entre autres celui de François-Joseph d'Autriche, mais nous n'avons voulu donner que ceux dont nous étions sûrs.

Febvre (*Alexandre-Frédéric*) né à Paris en 1835,

artiste dramatique, ordre de Danebrog, 4ᵉ classe (Danemark), chevalier A.; ordre de Midjidié, 5ᵉ classe (Turquie); ordre du Christ (Portugal), chevalier; ordre de la Couronne (Italie), chevalier; ordre d'Isabelle la Catholique, chevalier; autorisations différentes aux cinq ordres ci-dessus: juin 1876; ordre de Charles III (Espagne), chevalier, A. octobre 1878, ordre de François-Joseph d'Autriche chevalier, 1882. Il faut que nous omettions un ordre et qu'il s'agisse d'une croix d'officier, car M. Febvre porte la rosette, tandis que les six brevets sus mentionnés ne l'autorisent qu'à porter le ruban, — encore le ruban de l'ordre du Christ étant rouge comme celui de la Légion d'honneur, il ne peut être porté qu'avec la croix; — cette lacune n'est pas, du reste, de notre fait, et il n'a tenu qu'à M. Febvre de nous mettre à même de la combler.

GAILHARD (*Pierre*) né à Toulouse en 1847, artiste lyrique, ordre de Charles III (Espagne), chevalier, A. janvier 1877, officier d'académie.

GARRAUD (*Louis-Eugène*) né à Besançon en 1830, artiste dramatique, ordre du Midjidié (Turquie), 5ᵉ classe, chevalier, A. décembre 1865.

GIRAUDET (*Auguste-Alfred*) né à Étampes en 1845, artiste lyrique, ordre du Nicham (Tunis), officier, 1879. D'ordinaire le Bey ne décerne que la croix de chevalier; M. Giraudet a donc été l'objet d'une distinction toute particulière.

LABLACHE (*Louis*) né à Naples en 1804, artiste lyrique, ordre du Midjidié (Turquie), 5ᵉ classe, chevalier.

LAGRANGE-BELCOURT (*Félix Le Roy dit*), né à Rouen en 1832, artiste dramatique, ruban d'Alexandre Newsky. Ce fut sur la présentation du général Frepoff que M. Lagrange-Belcourt reçut cette distinction. Le czar Alexandre III lui donna le choix entre le ruban de Saint-André (Ire distinction accordée aux artistes) et celui d'Alexandre Newsky, qui vient après. En souvenir du souverain qui venait de mourir et qui, pendant seize ans, n'avait cessé de protéger les artistes français, M. Belcourt choisit le ruban qui porte son nom. Cette action fait honneur à la délicatesse de sentiments de l'artiste.

MARCHESI (*le chevalier Salvatore de Castrone*) né à Palerme, en 1822, artiste lyrique ; ordre du mérite d'Autriche. Chevalier.

MARIO (*Joseph, marquis de Candia*) né à Turin, en 1808, artiste lyrique ; ordre de Charles III, (Espagne). Chevalier.

MELCHISSÉDEC (*Pierre-Léon*) né à Clermont-Ferrand, en 1843, artiste lyrique ; ordre du Christ, (Portugal). Chevalier. A. mai 1875. Il y a cela de particulier dans cette récompense d'un ordre essentiellement catholique, c'est que l'honorable artiste appartient au culte Israélite, tant il est vrai que le talent ñ'a pas de religion, pas plus que l'honorabilité.

MÉRANTE   né à   en   artiste chorégraphe ; maître de ballet à l'Opéra, officier d'académie, (France) 1881.

NAUCRIN (*Emilio*) né à Palerme, en 1823, artiste lyrique; ordre de Charles III, (Espagne). Chevalier.

PONCHARD (*Charles-Marie-Auguste*) né à Paris, en 1821, artiste lyrique; officier d'académie (France).

ROGER (*Gustave-Hyppolyte*) né à la Chapelle-Saint-Denis, en 1815, artiste lyrique; ordre d'Auguste (Hanovre), en 1869. Chevalier. Grande médaille d'or de Prusse *pro litteris et artibus*, officier d'académie (France). Roger s'attendait à être fait chevalier de la Légion d'honneur. On le lui avait presque annoncé officiellement; ce fut une grande déception pour lui. Cette déception a certainement avancé sa mort. Nous étions auprès de lui quand elle lui fut infligée et nous l'entendîmes murmurer : « Pourquoi me l'avoir promise. ».

SELLIER (*Henri*) né à Chatelcensoir (Yonne), 1849, artiste lyrique; ordre de Nicham Ifstikhar, 3ᵉ classe, 1881. Chevalier.

TAMBERLIK (*Henri*) né à Rome, en 1820, artiste lyrique, ordre de Charles III (Espagne). Chevalier.

TAMBURINI (*Antonio*) né à Faenza, en 1800, artiste lyrique, ordre des saints Maurice et Lazare (Italie). Chevalier.

TIBERINI   né a   en artiste lyrique, ordre d'Isabelle la Catholique (Espagne). Commandeur.

VERTEUIL (*Alexis-Jules*) né à Paris, en 1807, ancien artiste dramatique, secrétaire général du Théâtre-

Français, ordre de Wasa (Suède). Chevalier. A.
mai 1879. Verteuil était très modeste. Quand on
lui parlait de sa décoration, qu'il ne portait pas,
du reste, il répondait : Eh ! mon Dieu, qu'est-ce
que ça prouve, sinon que le roi de Suède a été très
bienveillant.

VILLARET (*Pierre-François*) né à Milhaud (Gard), en
1830, artiste lyrique ; officier d'académie (France).

Et maintenant, pour finir comme nos vieux écri-
vains, nous dirons : Excusez les fautes de l'auteur.

P. S. — Il me faut ajouter un *post-scriptum* tout
particulier à cette énumération ; je le retrouve perdu
dans mes notes de l'année 1881 et je le copie tel quel
d'après M. J. Prével du *Figaro* :

« Un fait inouï dans les annales du théâtre
anglais.

« On a joué à Londres, au Prince of Wales's
Théâtre, et l'on y joue encore, avec beaucoup de
succès, une comédie assez spirituelle, intitulée le
Colonel. Le directeur de ce théâtre, M. Edgar Bruce,
se trouvant avec sa troupe en Écosse, a été invité par
le prince de Galles à donner une représentation de
cette comédie au château d'Abergeldie, résidence du
prince de Galles dans les hautes terres d'Écosse.

« Eh bien ! après la représentation, le directeur-
acteur a été présenté à la reine Victoria qui, pour la
première fois depuis vingt ans, assistait à une séance
théâtrale.

« Or, être présenté à la reine veut dire simplement, en Angleterre, que l'on est reconnu officiellement *gentleman*, et c'est la première fois depuis de longues années qu'un acteur a été présenté au monarque régnant.

« Un de nos abonnés de Londres nous écrit à ce sujet :

« Vous ne pouvez guère vous imaginer quel effet cette présentation a produit en Angleterre ; bien plus d'effet que la Légion d'honneur donnée à M. Got en France. Nous autres, littérateurs et journalistes en Angleterre, nous nous flattons que sous peu on nous reconnaîtra aussi probablement comme des *gentlemen*. »

Il y a bien un peu d'amertume dans la réflexion de l'abonné anglais, mais j'ai cru ne pas devoir l'omettre, parce qu'elle donne la mesure de la valeur de la distinction dont M. Bruce a été l'objet dans le pays du collet-monté par excellence.

L'ÉGLISE ET LE THÉATRE

En 1877, dans son intéressante leçon d'ouverture
du cours de littérature et d'histoire dramatique, au
Conservatoire, M. de Lapommeraye consacra quelques paroles éloquentes à l'intervention heureuse et
féconde du Clergé et de l'Église dans les œuvres
théâtrales. Il s'appliqua surtout à rehausser, aux yeux
mêmes des artistes, la profession de comédien, et en
cela il eut cent fois raison.

Il est toujours bon, d'une part, de battre en brèche
les préjugés, et d'autre part de faire comprendre que
ce n'est pas la profession qui déshonore l'homme
mais l'homme qui peut rabaisser la profession.

Qu'il nous soit permis de discourir à notre tour
sur ce double sujet, non pas en orateur et encore
moins en professeur, mais en chroniqueur qui n'a
d'autre mission que d'offrir à ses lecteurs ce qu'on
appelle si heureusement des miettes de l'histoire.

Et, sans plus de préambule, nous entrons en matière.

Il fut un temps où le clergé et les comédiens vivaient en très bonne intelligence, et ici j'entends parler du clergé catholique, apostolique et romain, pour le plus grand profit de l'art et des artistes. Alors les plus hauts dignitaires de l'Église non seulement protégeaient le théâtre, le soutenaient de leurs deniers et de leur influence, mais encore allaient applaudir chanteurs et cantatrices.

Hâtons-nous tout d'abord de le déclarer :

On ne trouvera dans ces notes rien qui puisse froisser la susceptibilité légitime du plus croyant des catholiques. L'auteur des *Sœurs de charité* ne saurait être soupçonné même de raillerie inconvenante à l'adresse du clergé. Nous ne faisons que de l'histoire.

*
* *

Avant de nous livrer à cette revue rétrospective, nous consacrerons — en manière d'exorde — quelques lignes aux comédiens que l'Église a placés au rang des saints et à ceux qui ont édifié le public par leur piété exemplaire, ne fût-ce que pour prouver que tous ceux qui suivent la carrière dramatique ne sont pas des parpaillots dignes du bûcher.

Voici donc la liste des acteurs canonisés.

Genest, acteur célèbre au temps de Dioclétien, vers l'an 286 de notre ère ;

Porphyre, comédien d'Andrinople, baptisé par Moquère, sous Julien l'Apostat, vers 361 ;

Ardéléon, histrion, sous le règne de Justinien, en 529.

La belle Pélagie, la Rachel d'Antioche, qui suivait avec assiduité les prédications de Nonus, évêque d'Héliopolis, a été placée aussi dans la milice céleste et canonisée.

Ainsi, voilà trois saints et une sainte pour les gens de théâtre. Les gens de robe n'en ont qu'un.

Mais ne restons pas dans ces temps reculés et franchissons d'un bond douze siècles pour signaler un certain nombre de comédiens et de comédiennes remarquables par leur piété.

Dominique, le fameux Arlequin de la Comédie-Italienne ; Carlin, la belle Flaminia (Mme Riccoboni) du même théâtre, et la charmante Mlle Colombe qui rendait elle-même le pain bénit, étaient cités pour leur dévotion. Mme Riccoboni se retira en 1735 pour se consacrer à des pratiques de piété dont elle ne se départit pas pendant trente-neuf ans.

Carlin, dont le véritable nom était Bertinazzi, était un modèle de dévotion bienveillante et grave. Le pape Clément XI, dont il avait été le condisciple, le tenait en grande estime. Nous ajouterons à notre liste Thomassin, autre Arlequin qui avait tenu l'emploi avant Carlin ; cet excellent homme, interrogé sur le point de savoir s'il avait eu peur lorsqu'il avait débuté, répondit : « J'ai tremblé bien fort, mais je me suis adressé à la Providence divine, et elle a béni mon labeur. » Il fut enterré à Saint-Laurent, sa paroisse.

Trial et sa femme, de l'Opéra-Comique, assistaient régulièrement à la messe. Je dois reconnaître que

Trial, malgré sa dévotion, était un vilain sire, car pendant la Terreur il se fit dénonciateur de ses camarades, et ce qui est plus odieux, des femmes; de ce nombre furent Mme de Sainte-Amaranthe et sa fille, ainsi que Mlle Buret de la Comédie-Italienne.

Ducrossy, le compagnon de Molière; Beaubourg, si estimé de son curé; Bellerose, de la Comédie-Française, se montraient assidus aux offices, croyaient et pratiquaient.

La conversion des Champmeslé, des Désœillet, des Maupin, des Luzy, des Toscano, des Gaussin, ont fait assez de bruit pour qu'il soit inutile de la raconter longuement.

Au nombre des comédiennes converties, nous devons citer Mlle Gauthier; elle appartenait au Théâtre-Français et n'était pas positivement une vertu. Un jour, elle eût, à l'occasion de l'anniversaire de sa naissance, la fantaisie d'entendre la messe. La grâce la toucha, elle quitta la scène, vint s'enfermer au couvent de l'Antiquaille, de Lyon, où elle prit l'habit de carmélite le 20 janvier 1725, sous le nom de sœur Augustine de la Miséricorde.

Voici ce qu'en dit Duclos :

« La nouvelle convertie était grande et bien faite, son teint avait de la fraîcheur. Elle faisait des vers passables et peignait très bien en miniature. On raconte qu'elle était douée d'une belle force, qu'elle ployait entre ses doigts une assiette d'argent, comme elle eût ployé une oublie. Sans rien perdre de sa gaîté naturelle, Mlle Gauthier devint une des plus ferventes religieuses du couvent. Le bruit qui s'était fait autour d'elle et le charme exquis de sa conversation lui attiraient sans cesse de nombreux et illustres visiteurs, qui ne se lassaient pas d'admirer le rare spectacle de tant d'esprit uni à tant de vertu. »

La sœur Augustine vécut trente-deux ans dans son cloître et mourut le 28 avril 1757 entourée de la vénération de la ville entière. Elle était née en 1690 et avait été reçue au Théâtre-Français en 1716, d'où elle était sortie en 1723.

Mlle Lefèvre, actrice de la Foire entra au couvent comme Mlle Basse et Mlle Cécile de l'Opéra. Mlle Saonah Lévy, tragédienne qui eut des succès à l'Odéon, prit le voile.

En se rapprochant davantage de nos jours, qui ne sait que Mme Gontier, la célèbre duègne, Mazurier, le gymnaste, la ravissante Mme Émilie Taigny, étaient d'une piété ardente et vraie?

— Mon Dieu, disait Mme Gontier, au moment d'entrer en scène, faites-moi la grâce de bien jouer mon rôle!

Mazurier récitait la même oraison.

On cite des comédiens qui portaient des cilices sous leur costume de théâtre.

Lorsque les comédiens quittèrent le théâtre de la rue Guénégaud, pour aller rue des Fossés-Saint-Germain, le 18 avril 1689, ils réglèrent que chaque mois on prélèverait sur la recette une certaine somme qui serait distribuée aux couvents et communautés religieuses les plus pauvres de la ville de Paris. Les

capucins ressentirent les premiers effets de cette aumône. Les cordeliers demandèrent la même charité
par le placet suivant :

« Messieurs,

« Les Pères cordeliers vous supplient très humblement d'avoir la bonté de les mettre au nombre
des pauvres religieux à qui vous faites la charité. Il
n'y a pas de communauté à Paris qui en ait plus
besoin, eu égard à leur grand nombre et à l'extrême
pauvreté de leur maison, qui le plus souvent manque
de pain ; l'honneur qu'ils ont d'être vos voisins leur
fait espérer que vous leur accorderez l'effet de leurs
prières qu'ils redoubleront envers le Seigneur pour
la prospérité de votre chère compagnie. »

Les comédiens décidèrent qu'il serait accordé aux
Pères cordeliers trois livres par mois.

Les Augustins réformés du faubourg Saint-Germain demandèrent la même grâce qu'ils obtinrent.
Voici en quels termes leur requête était rédigée.

*A messieurs de l'illustre compagnie de la Comédie
du Roi.*

« Messieurs,

« Les religieux Augustins réformés du faubourg
Saint-Germain vous supplient très humblement de
leur faire part des aumônes et charités que vous dis-
tribuez aux pauvres maisons religieuses de cette ville
dont ils sont du nombre. Ils prieront Dieu pour vous.»

La Comédie Italienne suivait la procession le jour de la Fête-Dieu et contribuait à l'élévation d'un magnifique reposoir.

Les danseuses de l'Académie royale de musique rendaient le pain bénit comme tous les autres paroissiens et ne le faisaient pas avec moins de solennité que les plus riches fidèles.

Un jour en chaire, et devant le Roi, le curé de Saint-Eustache plaida la cause des comédiens au nom de la Trinité chrétienne et en invoquant leur bienfaisance naturelle.

* *

Tous ces faits sont généralement assez connus ; ce qui l'est moins peut-être, pour la majorité du public, c'est la part immense que l'Eglise a eue dans l'installation du théâtre en France et en Italie et sa coopération à la prospérité des opéras, ballets, etc.

Je passe naturellement par-dessus les mystères, spectacles pieux, mélodrames sacrés qui, par leur nature même, réclamaient la protection efficace du clergé. Je n'entends m'occuper, et brièvement encore, que des opéras, des ballets, des comédies, tragi-comédies, etc., en commençant par l'Italie, berceau de l'opéra. Il est bien entendu qu'il ne s'agit que d'œuvres profanes.

Les mélodrames profanes ne datent que de 1475. Je citerai, entre autres, l'*Orfeo*, d'Angelo Poliziano, et une tragédie lyrique avec chœurs exécutée à Rome en 1480; le cardinal Riario, neveu de Sixte IV, en avait écrit les paroles.

Dès l'an 1500, les papes avaient un théâtre splendide à Rome. Ce fut sur cette scène que vers 1516 le cardinal Bertrand de Bibienna fit représenter, devant Sa Sainteté Léon X, la *Calandra*, comédie écrite par un abbé dont le nom m'échappe.

Léon X, qu'on n'accusera pas d'avoir été tiède pour les intérêts de la foi, fit venir de Florence à Rome les acteurs, costumes et décors qui servaient aux représentations de *Nicia*, comédie de Machiavel, afin de faire jouir la cour de ce brillant spectacle; et la cour pontificale se composait de prélats, abbés de tous ordres, etc.

⁎⁎⁎

Poursuivons l'ordre chronologique.

En 1548, le 1ᵉʳ octobre, le roi de France Henri II fit, comme on sait, son entrée solennelle à Lyon.

Or, parmi les réjouissances qui lui furent offertes, il faut citer une représentation dramatique et lyrique organisée par le cardinal de Ferrare, primat des Gaules, archevêque de Lyon. Le haut clergé et son chef assistèrent à cette fête, qui n'avait rien de sacré, s'il faut en croire les récits du temps.

Le prélat avait fait venir d'Italie les comédiens et les chanteurs, et ce fut, croyons-nous, une partie de cette troupe qui vint un peu plus tard, sous le nom de *Gelosi*, débuter à la cour de France.

Brantôme, dans ses *Capitaines français*, chapitre de Henri II, donne une minutieuse description de cette représentation.

« La quatrième belle singularité, ce fut ceste belle tragi-comédie que ce grand et magnifique cardinal de Ferrare, primat de la Gaule et archevêque de Lyon, fit représenter dans ceste belle salle, qui parest encor qu'il fit anity accommoder comme on le voict ; car paradvant, c'était une chose vaste, layde et sans aucune forme de beauté ni gentillesse, comme un certain galletas, car on dict qu'il despendit en la représentation de ceste tragi-comédie plus 6,000 écus, ayant faict venir à grands cousts et dépends des plus excellents comédiens et comédientes d'Italie : chose que l'on n'avoit encores veu et rare en France, car paradvant on ne parloit que des farceurs, des canards de Rouan, des joüeurs de la basoche et austres sortes de badins et joüeurs de badinages, farces, momeries et sotteries; mêmes qu'il n'y avoit pas longtemps que ces belles tragédies et gentilles comédies avoient esté inventées, jouées et représentées en Italie, et dict-on, et le treuve ou par écrit, que ce fut le Pape Léon dernier (Léon X) qui le premier les mist en vogue, mesmes qu'on luy reprochoit qu'il aimoit trop ces manières de gens et s'y amusoit trop, après qu'il se vict délivré un peu d'un grand embarras d'affaires qu'il avoit eu sur les bras.

« Il se trouve encore une tragédie très belle de *Sophonisba* (du prélat Russino), composée en italien, qui fut jouée devant la dicte Sainteté, à Rome. »

Mellin de Saint-Gelais, qui écrivit *Sophonisba*, était abbé du Reclus.

** **

Les comédiens étaient-ils si impies, si athées que le prétendaient leurs détracteurs, même quand il s'agissait de l'exercice de leur profession? Nous allons démontrer que non.

« Les comédiens italiens, si souvent introduits en France, et si souvent forcés d'aller reprendre l'air natal, dit l'abbé Delaporte, furent rappelés en 1716 par Son Altesse Royale M. le Régent. Le théâtre de l'hôtel de Bourgogne, qui leur était destiné, ne se trouvant pas en état, ils jouèrent alternativement avec l'Opéra sur celui du Palais-Royal. Ils débutèrent le 18 mai par l'*Heureuse surprise*. L'assemblée fut très nombreuse, car la recette valut 4,068 livres. On ne prenait cependant alors que le tiers du prix d'à présent. Le premier registre de cette nouvelle troupe commence ainsi : « Au nom de Dieu, de la Vierge Marie, de saint François de Paul et des Ames du purgatoire, nous avons commencé le 18 mai par l'*Heureuse surprise. Inganno fortunato.* »

Lorsque le roi Henri III de France s'arrêta à Venise, en 1574, il fut régalé d'une tragédie lyrique, œuvre de Menilo Claudio, organiste de Saint-Marc, qui, je crois, était dans les ordres, et dont les paroles étaient de Cornelio Frangippani, qui avait une charge ecclésiastique.

Tous les prélats assistèrent *par ordre* à cette représentation, dont ils firent en partie les frais.

*⁎ ⁎

Passons en France.

A qui devons-nous l'introduction de l'Opéra en France ?

A Son Eminence le cardinal Bichi, nonce du pape, siégeant à Carpentras, où il fit jouer en plein palais archiépiscopal *Akebar, roi du Mogol*, dont la musique était de l'abbé Mailly.

Cela se passait en 1646, et les principaux spectateurs se trouvaient être les grands dignitaires du clergé.

Ainsi, cette pauvre ville de Carpentras, si conspuée par les vaudevillistes, a été la première cité française où l'opéra ait été accueilli. Est-ce que cette circonstance atténuante n'attendrira pas le cœur des loustics ?

Veut-on savoir à qui étaient réservées les meilleures places pour les représentations mondaines du *Ballet de la Douairière de Bilbahaut* ? A NN. SS. les évêques, aux abbés, mitrés ou non, aux confesseurs, aux aumôniers du cardinal de Richelieu.

A qui Son Éminence rouge confiait-elle le soin de conduire les belles dames et les plus sémillantes actrices aux sièges d'honneur qui leur étaient assignés au théâtre ?

A deux évêques : Mgr Pierre de Broc, évêque d'Auxerre; Mgr Eléonore d'Etampes de Valençay, évêque de Chartres, plus tard archevêque de Reims, et que Bois-Robert avait affublé de ce titre étrange : maréchal de camp comique de Son Eminence.

Il est, croyons-nous, inutile de rappeler longuement que ce fut le cardinal Mazarin qui, le 13 décembre 1645, fit représenter devant Louis XIV, au théâtre du Petit-Bourbon, sur les instances d'un prélat, la *Festa della Fenta Pazza*.

Parmi les acteurs qui, ainsi que nous l'avons déjà dit, chantèrent et dansèrent le fameux *ballet de la reyne, faict aux nopces du duc de Joyeuse et de Mlle de Vaudemont, rempli de diverses devises, mascarades, chansons de musique et autres gentillesses*, en 1581, on remarqua Saint-Laurent, chantre de la Chambre, et Savorin, chanoine de la Sainte-Chapelle.

Notons que le livret du ballet était de Lachesnaye, aumônier du roi.

A qui l'abbé Périn annonça-t-il, par un courrier extraordinaire, le succès de la première représentation de la *Pastorale en musique* (30 avril 1659)? Au cardinal de Rovère, ancien nonce du pape, archevêque de Turin et l'un des plus ardents promoteurs du drame lyrique.

En 1660, un comédien de Lyon composa deux ballets chantés et en offrit la dédicace à l'archevêque, qui accepta, comme plus tard, en 1671, il accepta la dédicace du ballet des *Amours de Diane et d'Endymion*, œuvre de Guichard Sablière et de Scipion Dupille, comédien de Mgr le duc de Villeroy.

Dans les représentations d'*Ercole amante* de Rosetta, le rôle de la lune était chanté par l'abbé Melone, 7 février 1672. Dans *Serse* de Cavalli le rôle d'une nymphe espagnole; dans le ballet de l'*Impatience*, où Louis XIV dansait le rôle du grand amoureux, celui de la *Prudence* était chanté par le même abbé Mélone.

L'intervention officielle, la protection bienveillante du clergé en matière de théâtre est-elle bien établie, bien prouvée? Nous le pensons, et il serait inutile d'insister davantage.

Il est vrai que vers le même temps, le 6 mai 1686, se séparant violemment des traditions reçues, le pape Innocent XI (Benoît Odelcaschi) rendit un édit en vertu duquel il fut défendu aux femmes d'enseigner ou d'apprendre à chanter, ni à jouer d'aucun instrument, sous peine d'excommunication, fût-ce même de mère à fille.

Mais cette rigueur ne dura pas. Elle fut une exception à la conduite des papes, et elle n'empêcha pas, en 1701, l'électeur de Cologne, archevêque, Joseph-Clément de Bavière, réfugié à Valenciennes pendant la guerre d'Espagne, de faire construire un théâtre où l'on joua la comédie et l'opéra deux fois par semaine.

Les acteurs étaient particulièrement choisis parmi les abbés de la musique de l'électeur mitré, et tout ce qui portait tonsure assistait aux représentations.

Je dirai, en passant, que ce fut vers le commencement du xviie siècle, que les sopranis artificiels furent introduits au théâtre. Une bulle de Sixte V, adressée au nonce d'Espagne, nous fait connaître qu'en ce pays on les employait dans la musique d'église.

Rappelons pour mémoire que l'un des meilleurs ouvrages sur la musique d'opéra a été écrit par un ecclésiastique, l'abbé Raguenet, sous ce titre : *Parallèle entre les Italiens et les Français*. Ce livre parut en 1702.

Les religieux de Lyon faisaient une sérieuse concurrence au théâtre; mais ils élevaient autel contre autel. « Jaloux des lauriers du Père Folard, dit M. Emmanuel Vingtrinier dans son *Théâtre à Lyon au XVIII* siècle*, le Père Georges Viennet (professeur de rhétorique au Collège de la Trinité), avait fait jouer le 28 mai 1747, *Xerxès*, tragédie en cinq actes et en vers. Dix ans après, en plein dix-huitième siècle, pendant le carnaval de 1757, les capucins du grand couvent ne se firent pas scrupule de jouer, trois jours de suite, les *Fourberies de Scapin*, sur un théâtre dressé au fond de leur bibliothèque, en présence de leurs confrères du Petit-Foriz et d'un grand nombre de leurs pénitents, qu'ils avaient invités à ce spectacle.

Voici un couplet que rapporte l'abbé de La Tour dans ses *Réflexions morales, politiques et littéraires*, sur le théâtre et qui pourrait bien appartenir à une chanson faite à l'occasion de ces représentations :

> Nous jouons des comédies
> Dans l'enclos de nos maisons ;
> Et même les tragédies
> Mieux que Molière et Bazir ;
> Je brille dans le tragique,
> Fière duc dans le comique ;
> Veut-on de bons arlequins,
> Que l'on vienne aux capucins.

Le 9 juin 1768, à la demande des comédiens italiens la procession de la Fête-Dieu passe devant le théâtre richement tendu. Pour reconnaître cette attention les acteurs firent relâche. C'était une perte sèche de quinze cents livres. Bizarrerie curieuse, le curé de Saint-Sulpice refusa la même faveur à la Comédie-Française et celui de Saint-Roch se montra aussi sévère pour l'Académie de musique.

Vingt ans plus tôt le clergé de Saint-Germain-l'Auxerrois était venu prendre au magasin de l'Opéra le corps de Mlle Antier, sa paroissienne, pour lui donner une place d'honneur dans l'église même.

Petit détail à noter : ce fut l'abbé de Marolles qui francisa le mot *Opéra*, en lui donnant un accent aigu sur l'*e* et une *s* au pluriel.

Rapprochons-nous toujours des temps actuels, pour qu'on ne nous dise pas : tout cela était bon autrefois.

En 1769, le pape Clément XIV permit aux femmes de chanter sur les théâtres de Rome et de figurer dans les églises pour l'exécution des messes, des oratorios et des motets.

***

Il y a cent ans, les abbés tonsurés fréquentaient encore l'Opéra et la Comédie.

Demandez à Solié.

« Un soir, vous dira-t-il, en l'an de grâce 1770, un

vendredi, à l'Opéra, un abbé des mieux tournés se fit ouvrir la loge, alors vide, du maréchal de Noailles, assez malheureux à la guerre, et y introduisit deux jeunes et belles femmes, avec lesquelles il occupa tout le devant de la loge.

« Le trio, qui prenait ses aises, fut bientôt l'objet de l'attention générale. Mais voilà que le maréchal arrive et demande impérieusement sa loge, ce qui était très juste.

« Mais l'abbé ne l'entendait pas ainsi. Il refuse net et bientôt une bruyante et scandaleuse altercation s'élève entre l'ayant-droit et l'usurpateur.

« — Messieurs, dit soudain l'abbé en s'adressant au parterre qui suivait la discussion avec intérêt, je vous fais juges de la question. Voici M. le maréchal de Noailles, qui n'a jamais pris de places et qui veut aujourd'hui prendre la mienne. Dois-je lui céder ?

« — Non ! non ! cria le parterre.

« Et le maréchal de Noailles, sifflé, hué, fut contraint de se retirer. »

L'aventure est connue, mais elle trouvait naturellement sa place ici.

A la seconde représentation de *Childéric*, tragédie de Morand, jouée sur le Théâtre-Français, le 19 décembre 1736, il se passa un incident assez curieux :

« Un jeune moine déguisé, raconte Clément, se trouvant à la représentation de cette tragédie, se dédommagea du silence qu'il était obligé de garder dans son couvent. Dans une des plus belles scènes de la pièce, apercevant un acteur qui venait avec une lettre à la main et qui tâchait de se faire jour à travers la foule qui remplissait le théâtre, il se mit à crier : « place au facteur ! » L'éclat de rire qu'il excita coupa tout l'intérêt de cette scène. Le moine fut arrêté en sortant, mais ayant déclaré qui il était, on le conduisit à son supérieur qui se chargea de le faire punir.

« Il avoua qu'il était venu accompagné de sept ou huit jeunes gens qui lui avaient donné à diner uniquement dans le dessein de faire tomber la pièce nouvelle, dont ils ne connaissaient point l'auteur. »

Ceci n'est pas à la louange du moine, mais le chroniqueur se doit à l'histoire.

Bien que l'anecdote suivante, empruntée aux *Anecdotes dramatiques* de l'abbé Delaporte, figure dans tous les recueils d'Ana, je crois devoir la reproduire ici.

Un autre soir, en 1775, un jeune ecclésiastique se prélassait au balcon de l'Opéra, coiffé de sa calotte d'uniforme.

— A bas la calotte ! hurlait le parterre.

L'abbé ne bougeait pas.

— A bas la calotte ! à bas la calotte !

— Messieurs, la voilà, dit l'abbé impatienté, et il lança son couvre-chef de toutes ses forces à ses agresseurs exaspérés.

— Messieurs, reprit notre tonsuré, depuis qu'on m'a volé ma belle montre d'or en votre compagnie, j'aime mieux payer ma place au balcon que de risquer ma belle tabatière que voilà.

Et il huma une prise de tabac d'Espagne.

Le public fit une ovation à l'abbé.

.*.

Repassons un instant les Alpes et voyons ce qui se faisait en Italie.

En 1669, un an avant sa mort, Clément IX rimait encore des livrets d'opéra, comme il en avait du reste déjà rimé avec succès alors qu'il n'était que cardinal ; et certes on n'accusera pas d'avoir manqué de zèle comme pape celui qui mourut de chagrin de voir Candie tombée au pouvoir des Turcs.

En 1739, au temps où le président de Brosses visitait l'Italie, on voyait, nous dit ce fin critique dans ses lettres, plus de moines au théâtre qu'à la procession ; et comme il s'étonnait de n'y pas voir de moines jésuites, un prêtre lui répondit :

« Bien qu'ils soient plus pharisiens que les autres, ils ne laissent pas que de s'y montrer quelquefois. »

L'Eglise avait imaginé un moyen d'augmenter ses recettes au profit des pauvres. L'Opéra étant le rendez-vous de tout ce que la ville contenait de personnages riches, on quêtait pour le luminaire de la paroisse entre deux actes.

C'était, d'ordinaire, une grande dame qui faisait l'office de quêteuse, et parmi les plus belles — on les choisissait toujours charmantes — on citait, en 1739, la belle Mme de Marsilly, femme de notre ambassadeur.

L'Angelus venait-il à sonner pendant la représentation, acteurs et public se mettaient instantanément à genoux. On récitait dévotement l'*Ave Maria;* puis, après le signe de la croix final, la représentation reprenait son cours justement au point où elle avait été interrompue.

Le cardinal Lambertini, archevêque de Bologne, élu pape en 1740, sous le nom de Benoît XIV, et qui passa pour un pontife très éclairé et pour le défenseur le plus zélé de la pureté des mœurs, mettait le plus essentiel de ses devoirs, comme souverain, à aller trois fois par semaine à l'Opéra.

Je sais bien que l'intérêt financier et politique du clergé romain était de faire fleurir le théâtre; il y avait pour la prospérité publique une question capitale dans l'existence des théâtres. Mais, enfin, à quelque motif qu'on attribue la protection accordée par les papes au théâtre, cette protection n'en est pas moins un fait avéré.

.·.

Le pape Clément XIV défendit, sous les peines les plus sévères, toute préparation au chant ayant pour objet de donner une voix artificielle aux jeunes garçons. Il permit aux femmes de chanter dans les églises et autorisa qu'elles tinssent les parties de soprano, ce qui était la conséquence de sa prohibition. Il prescrivit aux directeurs de spectacles lyriques de faire remplir les rôles de femmes par des femmes et non par des garçons, mesure sage sous tous les rapports.

.*.

En 1750, les théâtres d'Italie étaient dans une situation déplorable, pour la plus grande inquiétude des rois, des ducs et prélats gouvernant la Péninsule.

Cette pénurie, qui prenait les proportions d'une catastrophe publique, tenait à une cause essentiellement religieuse. On était en plein jubilé, et si l'on voyait encore quelques membres du haut clergé, quelques abbés, quelques moines fréquenter l'Opéra, la majorité s'abstenait et chaque jour le vide se faisait plus grand dans la salle.

Dévots et dévotes restaient au logis, mais en enrageant tout bas et en maudissant la longueur du jubilé.

Heureusement les gouvernements effrayés de la tournure que prenaient les choses, eurent une inspiration splendide, un véritable trait de génie.

La puissance ecclésiastique publia un beau matin l'autorisation d'aller au théâtre pendant le carnaval, pourvu qu'on y allât en masque.

Aussitôt cette bonne nouvelle répandue, la joie éclate sur tous les visages; la population s'empressa de retourner à son spectacle favori. Nobles, femmes, filles, moines, abbés, prélats prirent le masque, et les théâtres ne désemplirent pas.

.*.

En 1786, — de cela 96 ans seulement, on voit que

nous sommes en pleine histoire moderne, — don Peppino Luchesi, habile musicien, avait arrangé en espèce d'opéra un oratorio qu'on jouait au théâtre du Fondo, à Naples.

La belle mais fougueuse Marchetti y faisait merveille, en compagnie des plus célèbres virtuoses féminins de la saison.

Le clergé italien commençait à subir d'heureuses réformes et s'abstenait, en partie, d'aller entendre la célèbre cantatrice, bien qu'il lui en coûtât, et ce au grand chagrin de l'impresario.

Quelques abbés fanatiques de la *prima donna assoluta* soufflèrent au directeur l'idée de solliciter de Ferdinand IV, roi des Deux-Siciles, l'autorisation de donner des représentations de jour pendant les quatre premiers dimanches de carême.

Le roi accorda la permission demandée, mais sous la condition absolue que les femmes n'y seraient pas admises — en tant que public — et que les places seraient particulièrement affectées au clergé régulier et au clergé séculier.

On se rua au Fondo avec délire. L'affluence était énorme. Prêtres, abbés, capucins, moines de toutes couleurs, tondus ou barbus, chaussés ou déchaussés, s'entassaient dans la salle comme des harengs en caque.

Les riches payaient à la porte ; mais les moines à barbe, capucins et autres, entraient gratis. C'était leur droit et Dieu sait s'ils laissaient volontiers prendre leur place !

On raconte que l'un d'eux, trop enthousiasmé, placé dans une baignoire au niveau de l'orchestre, avança tellement la tête pour mieux entendre la Marchetti et ses compagnes, que sa barbe, qui était fort longue, prit feu à la flamme d'une chandelle malencontreuse.

Un musicien se cramponna aussitôt à la flamboyante toison et fut assez heureux pour éteindre entre ses mains ce commencement d'incendie.

Le capucin en fut quitte pour quelques brûlures au menton, mais il ne déserta pas la place.

Arrêtons-nous ici. Tous ces faits établissent, croyons-nous, suffisamment que l'Eglise et le Théâtre n'ont pas toujours été ennemis. Ce que nous avons dit pour la France et l'Italie est applicable à l'Espagne et à l'Allemagne entière.

Quant au goût du clergé italien pour le théâtre, disons sans méchanceté qu'il se justifie par la passion pour la musique de tout être humain qui a vu le jour sur cette terre bénie de l'Italie.

Il faut aussi ajouter que les acteurs italiens, et les chanteurs en particulier, sont en dehors de l'excommunication générale qui frappe les artistes dramatiques des autres pays, — du moins le prétendent-ils.

Ainsi s'expliquent certains faits singuliers que nous venons de raconter pour faire connaître un côté curieux de l'histoire du théâtre.

Encore un mot :

En novembre 1831, Mgr le duc de Rohan, archevêque de Besançon, écrivait à M. Alexandre, acteur de province, qui venait de donner une représentation au bénéfice des pauvres, une lettre de remerciement qui se terminait ainsi :

« Qu'il soit donc béni celui qui passe en faisant du bien et qui dans tous les pays s'est conservé chrétien ! qu'il soit béni et que sa famille entière participe dès ce monde aux bénédictions et aux récompenses promises aux miséricordieux. »

Deux jours après, le même acteur donna une représentation au profit des comédiens de la troupe de Besançon. L'archevêque fit prendre aux bureaux de ses deniers vingt-cinq billets de premières.

Vers 1848, un acteur étant tombé malade à Graville, le curé de cette commune le recueillit chez lui, lui donna des soins pendant la courte maladie dont il mourut et procéda à son inhumation.

Que de faits semblables on pourrait citer à l'honneur du clergé catholique !

UN BUDGET DRAMATIQUE

Le champ de l'histoire du théâtre est si vaste et si fécond que, malgré les nombreuses moissons qui y ont été faites, il y reste, et il y restera toujours à glaner, surtout dans les premiers sillons. C'est que le théâtre n'est pas d'une invention plus ou moins ancienne ; il a toujours existé sous une forme ou sous une autre.

On peut dire que l'idée dramatique est innée à l'homme. En effet les peuples les plus primitifs ont eu leur théâtre. « Il ne faut pas, dit avec raison M. Charles Magnin, croire au réveil des facultés humaines, mais à leur continuité, à leurs transformations, à leur perfectibilité et à leur progrès. »

Nous concluons, avec l'auteur des *Origines du théâtre antique et du théâtre moderne*, que « la faculté dramatique n'a jamais cessé d'exister et de se produire. » Il y aura donc un éternel sujet d'études dans les origines et les transformations du théâtre, à quelque point de vue que l'on se place.

N'avons-nous pas, par exemple, déjà prouvé, dans la première partie de ce livre, que l'engouement du public et des impresarii pour les comédiennes et les cantatrices a été de tous les temps? Ce que nous avons dit de Dyonisia et Phœbé Vocontia, — les deux illustrations féminines du théâtre latin — et des grandes cantatrices du seizième siècle n'a pas besoin ici de commentaires.

Nous n'avons pas, on le comprend, la prétention de renfermer dans quelques pages une notice, si sommaire qu'elle soit, sur n'importe quelle question dramatique. Nous voulons seulement donner ici quelques détails anecdotiques sur un des points les plus importants, les plus curieux et les moins connus des représentations dramatiques au moyen âge : Le budget, cette grosse question avec laquelle il faut toujours compter. Cela est certainement fort triste, mais pas d'art sans argent, et avant de faire danser polichinelle, comme avant de produire un fort ténor, il faut savoir ce que Polichinelle, le fort ténor, coûterait à habiller.

A cette époque, le théâtre était religieux, merveilleux et hiératique. Nous voulons parler des *Mystères* qui eurent pour premières scènes les nefs de Sainte-Sophie, de Sainte-Marie-Majeure, les cathédrales de Strasbourg, de Reims, de Cambrai, les monastères de Corbie, de Saint-Martial, de Saint-Alban et qui plus tard s'installèrent sur les places publiques.

Nous ne prendrons encore dans l'histoire de cette période qu'un seul feuillet ; ce sera comme la facture, le bilan, comme nous venons de le dire, le budget d'une de ces représentations qui duraient des jours et parfois des semaines.

.·.

Il y a des siècles qu'on l'a reconnu, et cette vérité s'affirme chaque jour, il n'est rien de nouveau sous le soleil, *nihil novi sub sole*. Je demande bien pardon au lecteur de répéter cette banalité, mais j'y suis amené forcément. C'est ainsi que le fameux décret de Napoléon Ier sur *le Théâtre-Français* et connu sous le titre de *Décret de Moscou*, se trouve en embryon dans une ordonnance de 1516 rendue par François Ier. Cette ordonnance est postérieure à la représentation et aux usages que nous allons rappeler, mais comme toutes les lois primitives, elle sanctionne et régularise des coutumes existantes.

L'ordonnance de François Ier est connue sous le nom de *Règlement de Valenciennes*, c'est ainsi qu'Alphonse Royer la désigne dans son admirable *Histoire universelle du théâtre*.

Il est à remarquer que les lettres-patentes délivrées en 1402 par Charles VI aux confrères de la Passion pour les investir du privilège exclusif qu'ils exploitèrent dans un théâtre fermé rue Saint-Denis, n'entrent dans aucun détail sur l'organisation intérieure de la confrérie. Ils étaient libres de l'administrer comme ils l'entendaient, sauf l'obligation du droit des pauvres.

On voit que les comédiens de S. M. Charles *le Bien-aimé* étaient plus indépendants que ceux de Napoléon *le Grand*.

.*.

Nous ne parlons pas ici des représentations qui étaient organisées par les magistrats ou le haut clergé, mais seulement de celles qu'un entrepreneur pouvait prendre à sa charge.

Toute représentation dramatique, à tout prendre. comprenait trois parties d'un grand attrait pour le populaire ; de nos jours on dirait *great attraction* :

Le Cry,

La Moustre,

Le Jeu.

L'association avait reçu le titre de *jeu*. On faisait partie d'un *jeu*, comme aujourd'hui on fait partie d'une *troupe* ou d'une *compagnie*.

Lorsqu'un entrepreneur de mystères arrivait dans une ville pour y donner une représentation, il la faisait annoncer par un *cry*.

Voici comment on procédait :

Les directeurs et entrepreneurs louaient, à raison de un *patar*, quand la ville ne les leur accordait pas gratuitement, un certain nombre de trompettes qui prenaient la tête. Venaient ensuite :

Un piquet de sergents du guet,

Un piquet d'archers,

Les acteurs principaux attachés au *jeu*,
Les directeurs à cheval,
Les entrepreneurs à cheval,
Une foule de bourgeois tous montés.

Cette dernière partie du personnel du *cry* était exclusivement composée de volontaires, qui ne recevaient aucune rétribution.

Ce cortège traversait les rues de la ville, s'arrêtait sur les places principales, et l'un des directeurs *criait* l'arrivée du *jeu*.

Mais ce *cry* avait un autre but que celui d'annoncer la représentation. Comme l'exécution du mystère exigeait un personnel très nombreux et qu'un entrepreneur ne pouvait se charger de transporter, loger et nourrir une pareille troupe, plus de cinq cents personnes, — rien que des hommes bien entendu — il recrutait ses acteurs, ses figurants, anges, démons, gardes, etc., dans chaque ville parmi les amateurs de bonne volonté.

On sait que la première actrice que l'on vit sur le théâtre en France n'y parut que sous le règne de Henri III, après que l'exemple en eut été donné par la troupe italienne mandée à Paris par le roi.

⁎⁎

Puisque nous venons de parler d'un roi de France, à propos d'actrice, nous dirons en passant que la fameuse Isabelle Anduini, actrice, chanteuse et poète, que le roi vert galant avait ramenée de Pavie, recevait en 1588 de son royal impresario cent pistoles, sans compter 'les cadeaux. Il est vrai qu'elle était membre des académies de Padoue et de Florence, c'était la Malibran de son époque.

Revenons au *cry* du jeu.

Cette *annonce* faite, l'un des entrepreneurs prononçait un discours *en vers !* pour solliciter le concours des artistes amateurs parmi lesquels les ecclésiastiques, curés, diacres, sous-diacres, clercs, se trouvaient toujours les premiers, quand ils n'avaient pas pris eux-mêmes l'initiative de la représentation.

Les bourgeois qui se présentaient, et ils étaient toujours nombreux, devaient subir un examen, absolument comme aujourd'hui les aspirants élèves au Conservatoire de musique et de déclamation ; cet examen se passait devant les directeurs, les entrepreneurs, les chefs d'emploi et les échevins.

Après l'examen l'acteur recevait son rôle, et il faisait partie du *jeu*, mais à certaines conditions que nous ferons connaître.

.*.

Après le *cry* venait la *monstre*.

Cette exhibition s'effectuait quelques jours avant la représentation.

Elle constituait un véritable spectacle pour la population, qui s'y portait en masse avec un empressement indescriptible.

Cette *monstre* était ce que les saltimbanques et les directeurs de cirque appellent aujourd'hui le *tour de ville*. Comme pour le *cry*, des trompettes précédaient le cortège; tous les acteurs, tout le personnel s'y montraient, les acteurs et les comparses dans leur plus beau costume, les directeurs et les entrepreneurs dans leurs plus riches habits.

Les premiers acteurs étaient à cheval.

Les diables, les gardes et même les anges marchaient à pied.

Toutefois, si l'Archange Saint-Michel devait figurer dans le mystère, il montait un cheval richement caparaçonné. Si l'on veut prendre note que, non compris la figuration, le personnel parlant d'un mystère dépassait parfois cinq cents individus, on se rendra compte de l'effet que devait produire la monstre.

⁎

Le cortège de la monstre, indépendamment des trompettes de la ville, contenait-il des musiciens, et dans cette hypothèse qui les payait?

Nous n'avons trouvé nulle part une réponse à cette double question. Alphonse Royer n'en souffle mot, et notre ami et confrère Gustave Chouquet n'en parle pas davantage dans son livre remarquable : *Histoire de la musique en France.*

Hypothétiquement nous croyons que des musiciens ambulants devaient, quand l'occasion s'en présentait, figurer dans ce cortège. En effet, la corporation des ménestrels, « joueurs d'instruments tant haut que bas, » fondée en 1381 et patentée par Charles VI en 1401, était heureuse de figurer dans les solennités publiques ; et il est très naturel de supposer que si quelques membres de la corporation se trouvaient dans une ville où s'arrêtait un *jeu* ils faisaient partie du cortège aux frais de la municipalité ou des bourgeois. Notons à l'appui de notre hypothèse qu'un orchestre était attaché au *jeu* pour la durée de la représentation.

Nous venons de dire que les acteurs paraissaient dans la monstre en costume d'apparat : qu'il nous soit permis de signaler une particularité assez curieuse. Parmi les personnages du mystère de la Passion figurait Grongnard, valet de chambre d'Hérode, or, ce Grongnard, tourmenteur classique dans les mystères, avait pour costume un *paletoc*, espèce de manteau court à l'usage des gens de guerre, dont le *paletot-sac* de 1840 rappelait la forme et le nom à quatre cents ans de distance ! Et les tailleurs qui nous confectionnaient ce vêtement nous le servaient comme une création nouvelle de la mode !

Ainsi que nous l'avons dit l'admission des acteurs amateurs était subordonnée à certaines conditions que nous nous réservions de faire connaître, les voici :

Toute personne, c'est-à-dire tout individu, car encore une fois il n'y avait que des hommes — les rôles de femmes étaient tenus par de jeunes garçons, — devait au préalable verser un écu d'or à la caisse sociale ; les mystères étaient donc montés en société, ainsi qu'on dirait aujourd'hui.

L'écu d'or au soleil pesait 2 deniers 16 grains, soit près de 4 grammes, environ 10 fr. 65 c.; cet apport était destiné à subvenir aux dépens nécessités par la représentation ; il était de plus la garantie des faits et gestes du récipiendaire et ne lui était pas restitué pour quelque motif qu'il voulût quitter le jeu ou qu'on le lui fît quitter.

Grâce à cet écu d'or, l'acteur devenait participant aux bénéfices s'il y en avait.

.•.

Une catégorie d'acteurs ne versaient pas cette espèce de cautionnement, mais ils n'appartenaient au jeu que pendant la durée de la représentation dans la ville où ils avaient été engagés.

Cependant ils avaient part au bénéfice pour une partie, sous réserve que les joueurs qui avaient versé l'écu d'or commençaient à prendre le plus clair du gain.

En effet ce bénéfice devait se répartir en deux portions : la première pour les joueurs ayant déboursé leurs deniers, et la seconde pour tous les joueurs gagés qui ne voulaient pas courir les chances de l'entreprise, selon l'ordonnance de Valenciennes ; le plus souvent ils devaient se contenter de ce qu'il plaisait aux super-intendants de leur donner pour chaque journée de jeu.

Les administrateurs, super-intendants *originateurs*

recevaient dix-huit deniers tournois pour collationner et se recréer vers le milieu du jour.

Les acteurs, qu'ils fussent associés ou volontaires, avec ou sans cautionnement, une fois engagés ne pouvaient se retirer.

Au moment d'entrer dans le *jeu*, ils devaient prêter serment sur l'honneur de ne pas se dédire.

Ceux qui trahissaient leur serment étaient passibles de l'amende et même de la prison.

« Dans le cas, dit le règlement de Valenciennes, où un joueur ne voudrait pas faire son emprise on se pouvait relever sur son corps et sur ses biens. »

Les archives du Fort-l'Évêque ont prouvé que les choses étaient encore pratiquées ainsi pour messieurs les comédiens et mesdames les comédiennes de Sa Majesté.

A propos de cet écu d'or, nous nous sommes demandé s'il s'agissait seulement de l'écu simple dont nous avons fait connaître la valeur, soit 10 fr. 65 c., c'est-à-dire du poids de 2 deniers 16 grains ; et il nous a semblé que c'était là une somme bien petite, soit qu'on le considérât comme apport social, soit qu'on l'acceptât comme garantie du contrat ; et nous serions tenté de penser que l'écu exigé pour chaque associé était l'écu double.

.:.

L'écu d'or du récipiendaire, simple ou double, était donc la première somme à inscrire au budget des recettes, car, comme de nos jours les directeurs subventionnés, messieurs les entrepreneurs du jeu ne risquaient que le moins possible leurs propres capitaux,.... quand ils en avaient d'aventure.

· Quant aux directeurs qui remplissaient alors les fonctions de régisseur général de la scène, ils ne risquaient rien du tout. Ils n'étaient pas appointés cependant, mais prélevaient leur part comme associés sur le bénéfice et devaient s'arranger pour qu'il y en eût toujours... pour eux.

Le système de la subvention existait déjà... quand je vous dis qu'on n'a rien inventé ! C'était à la municipalité qu'incombait le soin de la payer ; sous titre d'offrandes, quelques spectateurs, grands seigneurs et hauts bourgeois coopéraient aussi à cette subvention.

On sollicitait par des quêtes la générosité des habitants et chacun contribuait volontairement à ces solennités suivant son désir ou ses moyens, en raison aussi des avantages personnels qu'il pouvait en retirer soit pour son commerce, soit pour le loyer de sa maison aux étrangers. On ne fait pas autrement de nos jours pour certaines fêtes publiques données par les municipalités.

Une partie de ceux qui se livraient à ces libéralités avaient droit à leurs entrées à places réservées pendant toute la durée des représentations.

C'étaient les *abonnés* d'alors.

Comme ceux d'aujourd'hui, dans certaines villes d'importance, ils avaient leur loge.

Ces loges fermaient à clef, absolument comme

celles de l'Opéra, et le titulaire avait le droit d'emporter la clef. C'est encore ce qui se fait en Italie. Ainsi, à la Scala de Milan, toutes les grandes loges sont des propriétés privées dont les titulaires ont la clef. Ils ont, en outre, un droit d'entrée à payer lorsqu'ils entrent au théâtre. Ce droit, les abonnés du XV⁰ siècle ne le payaient pas.

Les super-intendants et non leur famille, aux termes de l'ordonnance de Valenciennes (1516), avaient seuls le droit d'entrée gratis.

Quand le spectacle était gratuit, ce qui arrivait comme de nos jours en certaines occasions, mariages de souverains, passage de reine, etc., c'était la municipalité qui devait défrayer le jeu.

Aux offrandes municipales et aux dons des amateurs, il faut ajouter au budget des recettes, le droit perçu sur chaque spectateur et qui variait selon le rang qu'occupait la ville où le jeu était donné.

Le droit d'entrée pour le spectateur était réglé comme il suit :

Pour pénétrer dans l'enceinte, c'est-à-dire sur la place où le théâtre était installé, six deniers, environ un liard.

Pour avoir le droit de s'asseoir sur les gradins ou *bourdements*, il fallait payer la même rétribution, mais en plus. Nous voilà loin des trente francs que payaient les dilettantes pour entendre dernièrement la merveilleuse diva qui a le nom de Patti.

Mais, comme nous l'avons dit plus haut, il existait des places privilégiées, des loges d'un prix beaucoup plus élevé et réservées aux bienfaiteurs du jeu, comme les membres de la municipalité ou les grands seigneurs. Lors de la représentation du *Mystère des Trois Doms* à Romans, en l'honneur de saint Séverin, de saint Exupère et de saint Félicien, saints patrons de la ville, il fut construit quatre-vingt-quatre loges, chacune pouvant contenir douze personnes au moins, et nous n'avons pas besoin de dire que, comme de nos jours à certaines représentations de gala, le nombre réglementaire était largement dépassé.

Chaque chambre fut louée à raison de 3 florins, environ 45 francs de notre monnaie, mais pour toute la durée du jeu, qui était de trois jours. C'était donc 15 francs par jour, soit 1 fr. 25 c. par place et par jour.

C'était là une redevance exceptionnelle, justifiée par l'éclat extraordinaire de la représentation. En effet, les autres places furent taxées, non pas à un liard, mais à un sol pour les deux premiers jours, et à un demi-sol pour le troisième jour.

Le total de l'encaisse du jeu des *Trois Doms* à Romans s'éleva à 680 florins, soit en chiffres ronds 9,200 francs.

Les échafauds avaient à eux seuls coûté 369 florins, c'est-à-dire 5,545 francs, les décors et machines 375 florins. Il ne faut pas oublier que ce matériel était forcément détruit après la représentation, c'était donc une perte sèche pour la ville et pour le chapitre. Mais autrefois comme aujourd'hui, on estimait qu'il y avait toujours bénéfice pour une ville à attirer dans ses murs une foule considérable de population.

.·.

Selon l'habitude, après la clôture, on mit la défroque aux enchères : elle produisit 58 florins, c'est-à-dire 870 francs de notre monnaie, ce qui donna une recette de 10,070 francs. Ce chiffre était, certes, pour le temps, une assez forte somme ; elle fut cependant insuffisante pour couvrir les frais qui montèrent à 1,736 florins, soit environ 15,000 francs, le tout à la charge de la ville et du chapitre, car c'était la municipalité et l'évêque qui avaient fait célébrer le jeu.

Comment les acteurs furent-ils payés, c'est ce que nous ne savons pas. Il est permis de supposer que ceux qui avaient versé l'écu d'or d'engagement furent indemnisés. Quant aux autres, comme ils n'avaient rien risqué, ils ne durent rien recevoir.

.·.

Les représentations n'étaient pas toujours aussi désastreuses. Ainsi un jeu donné à Angers, en 1486, produisit au total 5,400 livres. La dépense n'ayant été que de 4,170 livres, il resta comme bénéfice 1,230 livres, qui furent réparties entre les joueurs.

Il est regrettable de ne pas connaître au juste le nombre des parties prenantes. Ce renseignement nous eût permis d'apprécier ce que la profession d'acteur rapportait à ceux qui l'embrassaient.

Si nous ne connaissons pas le traitement ou le gain des acteurs chargés des grands rôles comme Pilate, Caïphe, Tibère, Judas, Satan, Lucifer, Magdala, saint Jean, Herodias, etc., nous savons que les anges figurants recevaient trois deniers environ... *un liard* par représentation, sans le moindre feu pour les répétitions.

Les enfants qui jouaient les anges recevaient six deniers pour collationner vers le milieu du jour.

Les démons, qui jouaient les comiques et qui devaient faire rire quand même, étaient un peu plus payés, plus aussi les tyrans, autres comiques.

Ces comiques n'étaient pas des princes et encore moins des rois, bien qu'ils fussent appelés *tyrans;* ils étaient plutôt des bourreaux, des tourmenteurs au service du tétrarque et du prévôt de Judée.

Voici quels étaient leurs noms : Brayard, Dullard, Claque-Dent et Griffon, chargés d'exécuter les ordres de Pilate.

Dragon, Bruyant, Malchus étaient les serviteurs de Caïphe.

Grongnard, dont nous avons déjà parlé, était le confident d'Hérode.

Roullard, Deullard et Gadifler obéissaient à Anne.

Ces comiques étaient sinistres dans leurs allures.

Leur mission était de torturer le Christ; aussi étaient-ils hués par la foule, car alors comme aujourd'hui, le public prenait parti pour l'innocent et maudissait les traîtres. L'emploi n'était donc pas des plus agréables, aussi ceux qui l'acceptaient, quand ils n'étaient pas associés participants, devaient-ils être rémunérés en conséquence.

***

Cette rémunération était subordonnée aux désagréments que subissaient les personnages ; ainsi les âmes que les démons rouaient de coups pour les conduire chez Satan recevaient-ils plus que les anges qui, ainsi que nous l'avons dit, étaient taxés à un liard par représentation.

Ici nous devons présenter une observation : Alphonse Royer estime que le liard valait six deniers ; mais le liard a toujours été considéré comme le quart d'un sou ou trois deniers et cela depuis Louis XI ; c'est ainsi que les pièces de six liards valent précisément dix-huit deniers ou un sou et demi (Edit de 1738).

Le rôle de Judas était payé relativement très cher, par la raison toute simple qu'il était très dangereux à remplir : les mauvais traitements étaient prodigués au faux Macioles, horions, coups de bâton, sans que personne le plaignît.

Il arriva même un jour que le chapelain de Métrange, qui remplissait le rôle dans la représentation organisée à Metz par Conrad Bayer, évêque de cette ville en 1437, fut si bien pendu sur les tréteaux qu'il en faillit trépasser tout de bon aux grands applaudissements de la foule.

Un peu plus, l'on aurait demandé que les supplices fussent réels, comme autrefois à Rome on représentait au vrai la mort de Prométhée, attaché sur un rocher pendant qu'un vautour ou un ours lui dévorait les entrailles.

***

Qui payait les costumes pour les saints, comme pour les rois le manteau et la robe, pour les diables les pourpoints noirs et rouges, les masques hideux ou grotesques, qui ne servaient pas seulement à couvrir le visage, les queues de formes bizarres, indécentes même au plus haut degré, pour les personnages chargés des rôles de femmes, les robes garnies de fourrures?

Il est certain que les entrepreneurs avaient un magasin de costumes, mais les amateurs tenaient à honneur de fournir leurs habits.

Par exemple, le curé de Metz, qui représenta Jésus au *Mystère*, joué dans cette ville, et qui faillit mourir réellement en croix, avait certainement fourni la robe. Quant aux comparses, aux figurants, comme ils étaient fort peu payés, l'entrepreneur les habillait comme il pouvait.

Nous ferons remarquer, à propos de costumes, que le *Mystère* et la *Comédie latine* se jouaient indistinctement avec les mêmes habits, toujours taillés à la dernière mode. Les personnages saints et les rois de la Grèce portaient seuls le manteau et la robe.

Il y avait aussi les frais de décors, comme nous l'avons déjà dit. C'est ainsi que nous trouvons dans le compte de Jehan Gruel, qui avait été chargé de la mise en scène de la *Passion*, mystère en huit journées, représenté au château d'Amboise, en 1507, cette mention :

« Au paintre qui a fait les feinctes pour jouer le *Mistère de la Passion*, 20 livres tournois. »

On sait que la livre tournois représentait douze onces d'argent, tandis que la livre parisis valait un quart de plus.

Les amendes entraient dans la caisse sociale.

**

Une singularité des plus bizarres est à signaler au point de vue budgétaire : En diverses circonstances solennelles, certains acteurs ou directeurs établissaient sur la scène des dressoirs chargés de vaisselles d'argent à eux appartenant, et offraient en leur nom et gratis des rafraîchissements aux notabilités de la ville. Ces rafraîchissements consistaient en vins, cervoise grosse ou petite, fruits de la saison et conserves.

Si ce fait est vrai, et nous devons le croire, car il est rapporté par Alphonse Royer, d'après un manuscrit de la bibliothèque de Reims, il faut reconnaître que la situation financière des acteurs était fort belle; voilà un usage que MM. les sociétaires de la Comédie-Française feraient peut-être bien de rétablir. Nous leur garantissons un succès d'enthousiasme.

Cette libéralité extraordinaire fut pratiquée en 1486, à Angers, lors de la représentation de la nouvelle *Passion* de Jehan Michel, qui dura huit jours, de huit heures du matin à sept heures du soir; ce qui s'explique par ce simple exposé : le mystère était divisé en 87 tableaux et comprenait plus de 40,000 vers.

Dans toutes les autres représentations ceux qui voulaient boire ou manger payaient à un entrepreneur. Il y avait même une espèce de buffet spécial aux acteurs, mais ceux-ci, comme les spectateurs, payaient leur consommation. Ces consommations se prenaient pendant les entr'actes ou *pauses*.

C'était le buffet d'aujourd'hui : il est présumable que, pour éviter la cohue pendant ces pauses, ces rafraîchissements étaient portés dans la salle de rangs en rangs et offertes aux spectateurs comme aujourd'hui : orgeat, limonade, bière, glaces, caramels assortis!

Par une attention délicate, l'orchestre exécutait des motifs de cantiques pendant ces pauses.

L'orchestre était à la charge du jeu.

⁂

Nous avons dit que les engagés qui manquaient à leur devoir étaient, aux termes du règlement de Valenciennes, passibles de l'amende et de la prison ; mais ce n'était pas seulement en cas de désertion que l'acteur était justiciable de l'entrepreneur. Comme de nos jours, tout joueur qui manquait aux répétitions ou arrivait en retard au théâtre, même pour un *recor*, nous disons aujourd'hui *raccord*, payait une amende de trois patards. Celui qui s'absentait le jour du jeu était condamné à six patards. Le patard équivalait à un septième du sou, un peu plus de deux deniers, ce qui était une amende très forte si l'on songe à la rétribution accordée à ces artistes.

Nous ferons remarquer que le mot *patard* est aujourd'hui passé dans le domaine de la langue verte et qu'il signifie un sou et le plus souvent un gros sou, c'est-à-dire dix centimes. Toutes ces particularités ne sont-elles pas curieuses à signaler?

Comme les directeurs d'aujourd'hui, les directeurs du jeu avaient parfois des droits d'auteurs à payer.

Si le *Mystère de la Passion* était tombé dans le domaine public, comme on dirait de nos jours, quand une ville ou un jeu demandait une pièce nouvelle, une redevance était de rigueur.

Ce fut ce qui arriva pour le *Mystère des Trois Doms*, exécuté, comme nous l'avons déjà mentionné, à Romans en l'honneur des trois patrons de la ville.

L'auteur de ce drame était un chanoine nommé Pra, qui reçut de la ville la somme assez rondelette pour l'époque, de 255 florins, c'est-à-dire environ 2,200 francs.

La copie des rôles, y compris la fourniture du papier, revint à 10 florins environ, soit 156 francs.

Mais le chanoine Pra eut un collaborateur dans la personne d'un auteur de mystère fort célèbre, maître Chevalet, auteur de la *Vie de saint Christophe*. Il fut chargé de *radouber* le *Mystère des Trois Doms* et reçut pour ce travail 7 florins, non compris un *teston*

(11 fr.) pour le rhabillage du rôle de messire Combez de Coppes, noble Romanais qui lui avait demandé ces corrections, au nom de la ville, ainsi qu'en porte foi la quittance annexée au compte général de 1509.

Là s'arrêteront nos notes sur un budget dramatique au xve siècle, notes incomplètes sans doute, mais qui suffiront à donner une idée des dépenses auxquelles donnaient lieu les représentations des *Mystères*. On a pu voir que nos aïeux faisaient tout aussi bien les choses que nous, toutes proportions gardées.

LES VENDREDIS DE L'OPÉRA

Parmi les usages disparus, et qu'il est permis de regretter, je citerai la présentation des jeunes mariés de distinction à l'Opéra.

Cette coutume du hig-life d'autrefois avait ses désagréments quant la jeune épousée n'était pas jolie, mais quand elle avait des attraits, quel triomphe pour l'orgueil féminin!

Voici comment la cérémonie — car c'était une véritable cérémonie — s'accomplissait :

Le premier vendredi qui suivait la bénédiction nuptiale ou le retour des jeunes époux à la cour, sur avis du marié, les amis, les parents de celui-ci et ceux de l'épousée se donnaient rendez-vous à l'Opéra et, le soir, tout ce que la cour comptait de grandes dames et de grands seigneurs se trouvait au théâtre, en toilette de gala, particulièrement au balcon, sur les banquettes de la scène et dans les loges.

Quelques instants avant le lever du rideau, le jeune

marié, en grand costume, portant les ordres du roi s'il les avait reçus, amenait la jeune femme sur le devant de sa loge, préalablement occupé par une vieille parente. Une fois en présence du public, les deux époux faisaient chacun deux révérences et attendaient debout. Si la mariée était belle ou gracieuse, le parterre applaudissait avec enthousiasme. Dans le cas contraire, un silence glacial accueillait la pauvre exhibée. Les grands seigneurs se levaient à l'entrée du couple et le saluaient après les deux révérences. Puis les deux mariés s'asseyaient alors et bravaient héroïquement les regards curieusement braqués sur eux.

Cette présentation à l'Opéra était de rigueur pour les mariés titrés et ayant charge à la cour, et tant qu'elle n'avait pas été faite il semblait qu'il manquât quelque chose à l'état officiel des époux.

Bien des jeunes femmes timides cherchaient à s'y soustraire, car elles étaient exposées à entendre des réflexions plus ou moins saugrenues, mais c'était un usage si solidement établi que les membres de la famille royale même s'y soumettaient. Marie-Antoinette ne voulait pas entendre parler de cette sujétion, sa fierté d'Autrichienne se révoltait à la pensée de se donner ainsi en spectacle. Elle mit trois ans à se décider à subir ce qu'elle appelait un outrage à la dignité de la femme. Mais enfin elle s'y rendit. La cérémonie eut lieu le vendredi 16 juin 1773, dans la loge du roi.

Le maréchal de Biron avait retenu les balcons sur le théâtre, mais en ayant le soin, en fin courtisan qu'il était, de placer dans le plus éloigné des balcons les plus jeunes et les plus jolies femmes de sa connaissance, afin d'éviter les comparaisons qui auraient pu être défavorables à la dauphine. Les plus nobles seigneurs de la cour étaient rangés dans l'autre balcon sous la loge royale. Avons-nous besoin de dire que tout ce beau monde était en toilette de cour, resplendissant de diamants, poitrines nues.

Il est bon qu'on sache que les balcons sur le théâtre laissaient voir les costumes de la tête aux pieds, comme dans un salon. Cordons bleus, cordons rouges, aigrettes, panaches, les femmes en portaient alors, éclairés par vingt lustres, moins brillants que les regards de toutes ces beautés, présentaient un spectacle unique et duquel celui de nos représentations de gala ne sauraient approcher.

La loge royale était surmontée par un dais de velours bleu fleurdelysé, garni de franges d'or. Sur le théâtre, les plus beaux cent suisses avaient été placés au bas de la loge, en demi-cercle, laissant une petite enceinte vide entre les seigneurs et la dauphine.

Dans la seconde loge, située au-dessus de la tête des époux, un garde du corps se tenait en sentinelle, deux autres gardes du corps faisaient faction sur l'avant-scène, un à chaque extrémité, cérémonial qui ne s'observait qu'aux spectacles de la cour. Ils devaient rester dans la plus complète immobilité, aussi étaient-ils relevés à chaque acte. Leur arme était la hallebarde.

Comme la décision de Marie-Antoinette avait été

annoncée quelques jours à l'avance, une foule énorme s'était portée au théâtre. Bien avant l'arrivée des augustes spectateurs la salle était bondée et l'on ne cessait d'applaudir l'assemblée. Ce fut la duchesse de Chartres qui arriva la première et se plaça dans sa loge royale, avant la venue des jeunes époux.

Enfin, à l'heure précise, le Dauphin parut dans la loge. Tous les spectateurs se levèrent, mais sans applaudir.

Celui qui devait être Louis XVI fit deux révérences pleines de grâces et de dignité et se rangea ensuite pour faire place à la Dauphine.

Elle occupa à elle seule tout le devant de la loge, grâce à ses immenses paniers.

Marie-Antoinette fit à son tour les deux révérences réglées par l'étiquette, pendant que les dames d'honneur prenaient place dans les premières loges à droite de la Dauphine.

Une fois les révérences faites le public applaudit avec enthousiasme pendant plusieurs minutes, mêlant les cris de : Vive le Dauphin! Vive la Dauphine! aux bravos les plus frénétiques. « Il faut, disait en rentrant Marie-Antoinette au roi, que Votre Majesté soit bien aimée, car on nous a applaudis avec fureur. »

La vérité est que Louis XV n'était que très froidement accueilli quand il paraissait à l'Opéra.

Quelques jours après la Dauphine se présenta à la Comédie-Française, où l'on joua sur sa demande le *Juge de Calais*, de M. de Belloy et qui faisait fureur alors. La semaine suivante ce fut le tour de la Co-

médie-Italienne et dans ces deux circonstances le cérémonial de l'Opéra fut renouvelé de point en point.

L'Opéra reçut 2,400 livres pour la location de la
loge du roi et de celles des dames de la suite, et tous
les artistes eurent des gratifications.

Depuis l'ouverture de l'Opéra le vendredi avait été
le jour de prédilection pour le grand monde; c'était
ce jour-là qu'on choisissait pour se produire. Ainsi
ce fut un vendredi, le 19 décembre 1743, que la belle
madame de la Tournelle, qui sollicitait le honteux
honneur de succéder à sa sœur, madame de Mailly,
auprès de Louis XV, ce fut un vendredi, disons-nous,
que madame de la Tournelle se présenta au public
en grande loge!

Il s'agissait, pour la nouvelle favorite, de faire
sanctionner des prétentions étranges, scandaleuses
sans doute, mais qui n'étaient pas sans importance,
puisque, si elles aboutissaient, elles amenaient un
changement de ministère. Le public, il faut lui rendre
cette justice, hésita d'abord. Il lui répugnait de consacrer par son approbation une telle attitude; mais
en fin de compte, l'audace de la dame lui plut et il
applaudit à outrance. La claque, il est vrai, avait décidé de la victoire, mais peu importait à celle qui en
profitait; et la belle et cynique favorite rentra triom-
phante à Versailles.

Cette résolution avait été prise dès le mois de novembre : ainsi que le prouve une note de Grimm,

« Il y eut hier répétition générale à l'Opéra. Mme de la Tournelle doit y venir aux premières représentations, en cas que son état ne soit pas encore décidé; » par ces mots : *son état*, Grimm entendait la situation de la dame, comme maîtresse en titre.

Qui le croirait? cette coutume de la présentation des nouveaux mariés au public de l'Opéra, imposée par l'étiquette, survécut à la Révolution. Le roi et la reine d'Étrurie, Ferdinand, duc de Parme, et Marie-Louise d'Espagne, fille de Ferdinand IV, durent la subir ; les deux jeunes époux furent en effet officiellement présentés au public de l'Opéra un vendredi de l'an 1801 par Cambacérès, remplaçant ce soir-là, le premier consul Bonaparte empêché.

Ce qui donnait du piquant à la scène, c'est que les infants avaient été faits souverains de par la volonté d'un général républicain !

Cambacérès introduisit le jeune roi et la jeune reine dans la loge consulaire, les prit par la main et les présenta au public qui battit des mains et les salua avec le même enthousiasme qui avait accueilli le Dauphin et Marie-Antoinette.

Ce fut aussi un vendredi, le deuxième du mois d'octobre 1768, que le jeune roi de Danemarck vint à l'Opéra, car le premier plaisir qui lui fut offert fut celui d'une représentation de gala à l'Académie de musique.

S. M. danoise indiqua les pièces qu'elle désirait voir et choisit, entre autres, le *Devin de village*, de J.-J. Rousseau. Ce qu'il y a de particulier dans cette représentation, c'est que le directeur de l'Opéra, Francœur, fit jouer la pastorale de Rousseau, non point dans une décoration champêtre, mais dans le palais éblouissant construit pour le *Phaéton*, de Lulli et Quinault !

Pendant un entr'acte, Mlle Grandi, l'une des plus jolies figurantes de l'Opéra, fit passer au royal spectateur son portrait en pied, miniature exquise, où elle était représentée en costume de Diane sortant du bain; et la chronique scandaleuse rapporte que l'*Ours*, c'était le nom qu'on lui donnait à l'Opéra, tint à s'assurer que la ressemblance était parfaite.

PAR ORDRE : tels sont les deux mots sacramentels qui s'inscrivent aujourd'hui en tête des affiches de l'Opéra, à l'occasion de toutes les représentations de gala données à l'Opéra. Cette formule laconique, employée autrefois pour indiquer que le souverain devait assister exceptionnellement à la représentation dans un théâtre subventionné, remonte justement à cette représentation du *Devin de village*.

Ce fut le duc de Duras, gentilhomme de la Chambre qui la trouva, et cette découverte lui valut une pension de douze à quinze mille livres. On l'employa depuis cette époque non seulement en France, mais dans toutes les capitales de l'Europe, pour faire comprendre que le souverain ou sa famille devait assister à la représentation du jour.

Sous la première République, les représentations gratuites données au peuple souverain étaient annoncées en ces termes : *De par et pour le peuple*, qui avaient remplacé le traditionnel *par ordre*.

Bientôt on abusa tellement de la formule *de par et pour le peuple* sur les affiches qu'une servante, nous voulons dire une *officieuse*, envoyée par ses maîtres pour savoir ce que l'on donnait au théâtre de la Nation revint et dit :

— Toujours la même chose : *de par et pour*.

La pauvre ignorante avait pris les quatre mots pour le titre d'une comédie. C'en était une, il est vrai, ou plutôt une tragédie, tragédie sanglante ; car c'était *de par et pour le peuple* que le premier acte avait été exécuté le 21 janvier 1793 et le dernier le 9 thermidor.

Autre particularité : c'était particulièrement le lundi et le vendredi que les chefs d'emploi chantaient à l'Opéra. Le mardi était réservé pour les doublures.

Jusqu'en 1829 le vendredi resta le beau jour de l'Opéra ; mais bientôt les trois journées de 1830 vinrent tout niveler, et aujourd'hui tous les jours sont égaux devant le public de l'Académie Nationale de Musique.

TABLE DES CHAPITRES

CHAPITRE IV

CHAPITRE V

CHAPITRE VI

CHAPITRE VII

CHAPITRE VIII

CHAPITRE XIII

CHAPITRE XIV

CHAPITRE XV

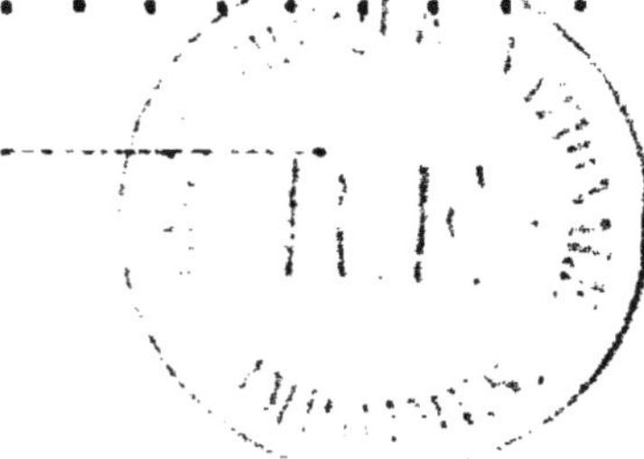

TABLE DES NOMS CITÉS

Crescentini, 206, 210, 211, 212.
Croizat, 98, 99.
Croizette, 128.
Cruvelli (La), 170.
Custines (Mme), 181.
Cury (Mlle de), 67.
Cuzzoni (La), 98, 99, 100.
Cuvilliers, 91.

D

Damoreau (Mme), 194.
Danchet, 114.
Danton, 182.
Daram, 49.
Darius, 5.
Dauberval, 105.
Daudoird (Mlle), 128.
Dauphin (le), 280, 282.
Dazincourt, 181.
Débureau, 204.
Déjazet, 93, 126.
Delaporte (abbé), 60.
Delaunay, 225.
Demery-Gloslop (Mme) 164.
Demetz (Mlle), 108.
Denys, 5.
Derasse, 28.
Derivis, 93.
Desœillet, 234.
Derval, 225.
Deschamps, 96.
Desclausas (Mlle), 107.
Desmatins, 72, 73, 74.
Destouche, 78, 141.
Devismes, 93, 162.
Devriès (sœurs), 76.
Dieu, 75.
Dominique, 235.
Donizelli, 196.
Donizetti, 206.
Dormeuil, 59.
Dorval (Marie), 126.

Doucet (Camille), 216.
Dozainville (Mme), 167.
Dubarry (Mlle), 110.
Dubarry (Mme), 105.
Dubois (Mlle), 105, 128.
Duché, 77.
Duchesne, 226.
Duclos, 234.
Ducauroy, 20.
Ducrey de Noinville, 12, 53, 66.
Ducrossy, 234.
Dufresne (La Quinault), 84, 85.
Duguerret, 127.
Dulis-Lopés, 78, 79, 80, 81.
Dumas (Alex. père), 201.
Dullard, 269.
Duménil, 41, 61, 62, 63, 64, 70.
Dun (Mlle), 92.
Dupille, 242.
Dupont-Vernon, 226.
Duprez (Caroline), 130, 216.
Duprez, 126, 209, 215.
Dupuis (Adolphe), 226, 227.
Dupuis (José), 228.
Duras (Duchesse de), 181.
Duras (Duc de), 283.
Durona (Marguerita), 98.
Duruy, 205.
Dusoulier (sœur), 205.
Duvernoy, 155.
Dyonisia, 3.

E

Elisabeth de Ferrare, 6, 145.
Elleviou, 193.
Ephestion, 5.
Epinay (Mme d'), 103, 105.
Escudier, 156.
Exaudet, 107.